U0944610

PROCURATORIAL STUDY

检察研究

江苏省人民检察院◎组织编写　　编委会主任◎刘华

2020年 · 第1辑

法律出版社
LAW PRESS · CHINA

目录 Contents

前沿探讨

主题研讨

调查报告

检察实务

学术综述

前沿探讨

长江经济带生态环境高质量实现的实践要义与法治路径

范　群　陶国中　曲莎莎*

摘要：长江经济带生态环境高质量实现既是一个实践问题，也是一个理论问题。从长江经济带发展与保护的认识过程和政策演进来看，生态环境高质量实现需要法治的参与。总结南京地区保护长江生态环境的实践，仍面临保护中的不少问题，亟待从执法、司法、守法等方面探索长江经济带生态环境高质量发展的法治实现路径。

关键词：长江经济带　生态环境　高质量发展　实践要义　法治路径

长江流域横跨中国东、中、西部三大经济区，覆盖上海、江苏、浙江、安徽、江西、湖北、湖南、重庆、四川、云南、贵州共11省市，面积约205万平方公里，人口和生产总值均超过全国的40%。① 作为国家重大经济发展战略，长江经济带生态环境高质量实现从政策文件走向有效实施尚面临诸多亟待解决的困难和问题。

一、长江经济带生态环境高质量实现的内核与要义

(一)长江经济带生态环境高质量发展理念的确立

长江经济带生态环境高质量发展的提出具有鲜明的问题意识导向。长期以来，各地

* 范群，江苏省南京市人民检察院党组书记、检察长；陶国中，江苏省南京市人民检察院副检察长；曲莎莎，江苏省南京市人民检察院检察官。本文系2019年南京市社会科学基金资助项目成果。

① 参见李平、舒舍玉等：《长江经济带饮用水源地保护联合执法存在的问题以及对策研究》，载《法制博览》2019年第33期。

对长江经济带的认识偏重于以项目和工程为主的大开发模式,对生态环境的保护关注度较低。2014 年 12 月,中央经济工作会议将长江经济带建设与“一带一路”“京津冀”一同列为新时期优化我国经济发展的“三大支撑带战略”。2016 年 1 月,习近平总书记在重庆召开的长江经济带座谈会上明确指出:“当前和今后相当长一个时期,要把修复长江生态环境摆在压倒性位置,共抓大保护,不搞大开发。”2018 年 4 月,习近平总书记在武汉召开的深入推动长江经济带座谈会上强调,要正确把握生态环境保护和经济发展的关系。这一系列政策和制度的建立表明了国家改变以往过分强调经济增长的模式,明确将生态环境高质量发展放在更重要的位置。

(二)长江经济带生态环境高质量实现的理论内核

环境相对于某中心事物而言,是与某一中心事物有关的周围事物的总称。① 长江经济带生态环境是指以长江生态系统为中心、环绕于该生态系统的其他各类生态系统和流域内上下游、左右岸、干支流的人类经济活动。如果其他生态系统发生改变或人类实施消极活动,那么长江生态系统将受到破坏或污染。长江流域生态环境保护包括对长江河流生态系统和流域内湿地、森林、草原等生态系统的保护。

生态环境高质量发展是一项社会系统工程,从长江生态大保护的实践来看,遵循法治思维和法治方式已成为推进环境治理的主基调。② 长江经济带生态环境高质量发展并不是一个短期行为,而是今后需要一直坚持的发展方向,它更需要相对稳定的政策、措施和制度来保障其更好地实施,而法律制度的稳定性恰恰能够满足政策稳定的基本要求。

二、长江经济带生态环境高质量发展的实践与诉求——基于南京市地方实际

(一)长江经济带生态环境高质量发展的态势

长江经济带生态环境高质量发展经历了从政策规划到付诸行动、初见成效的基本过程。以南京市为例,2018 年以来,先后出台《南京市长江岸线保护办法》《南京市长江岸线保护详细规划》等,③ 7 条省控入江支流水质已大幅改善,2019 年 1 月已全面达标。21 条市控入江支流中有 11 条已基本消除劣 V 类,另 10 条劣 V 类河道,均已制定消除劣 V 类时间表。④ 但长江经济带生态环境高质量实现的工作复杂性和长期性并未改变。南京地区面临的长江生态环境损害的问题集中在“化工围江”现象严重,非法采砂、非法捕捞、码头违建、暗管排放屡禁不止,以及船舶污染、生活垃圾等。

---

① 参见邢永强、冯进城、窦明:《区域生态环境承载能力理论与实践》,地质出版社 2007 年版,第 6 页。

② 参见毕奎明、宋林涛:《长江生态大保护中检察公益诉讼的理念创新与机制建设》,载《三峡论坛》2019 年第 5 期。

③ 载 http://m.sohu.com/a/304615460_785852,最后访问日期:2019 年 12 月 14 日。

④ 载 http://shuiwu.nanjing.gov.cn/mtbd/201903/t20190329_1492659.html,最后访问日期:2019 年 12 月 14 日。

（二）长江经济带生态环境高质量数据评价

为防止对长江经济带生态环境高质量实现的理念流于形式或者止步于片面化理解，国家先后出台《长江经济带发展规划纲要》《长江经济带生态环境保护规划》等文件。囿于文件出台时间较短，目前并未有研究机构将上述文件要求的指标进行量化统计。目前可以参考的是上海社会科学院长三角与长江经济带研究中心发布的“长江经济带城市绿色发展指数（2018）”①和湖南省社会科学院与社会科学文献出版社共同发布的《长江经济带绿色发展报告（2017）》②，数据显示，长江经济带110个城市的绿色发展指数得分均接近70，整体发展水平还不够高。长三角城市群26个城市绿色发展指数位列前五的是：杭州、舟山、上海、南京和苏州。

（三）长江经济带生态环境高质量发展的南京地方实践

1. 南京长江经济带生态环境高质量发展的立法实践

在立法保障长江经济带高质量实现方面，南京走在全国前列。2017年，政府制定出台《南京市推动长江经济带发展实施方案》，提出要着力打造国家生态文明先行示范区。2018年，《深入推进长江经济带高质量发展走在前列的实施意见》《南京市滨江生态环境保护要点》《南京市长江经济带生态环境保护实施方案》等文件和规章也相继出台，为生态环境画红线、设防线。2018年2月28日，南京市政府令第322号公布了《南京市长江岸线保护办法》，这是全国首部聚焦长江岸线保护的地方政府规章，率先将长江保护发展纳入法治化轨道。

2. 南京长江经济带生态环境高质量发展的经济调控制度保障

保护长江流域生态免遭破坏的经济调控措施主要有流域生态补偿、生态税、环境污染税等。南京在全国率先建立先进的生态补偿机制，并以立法形式即《南京市生态保护补偿办法》予以制度化实施。南京地区明确对因承担重要生态保护区域及其他生态保护责任使经济发展受到一定限制的有关组织和个人给予补偿，并特别针对国家级、省级水利风景区建立生态补偿机制。

3. 南京长江经济带生态环境高质量发展的监管体系保障

南京地方政府转变工作思路，从“督企”的局限性中走出来，加强地方政府对于环境保护的区域监管作用，加强对地方政府环境保护目标责任的考核，发挥地方政府对本地区环境质量负责的作用，督促地方政府切实履行环境监管职责，实现政府环境监管责任的履行方式从单一的“督企”向“督企”加“督政”的转变。2019年3月20日，南京市委市政府召开了打好污染防治攻坚战工作大会，市委书记张敬华与17个相关部门主要负责

---

① 载http://www.sohu.com/a/241403321_100191052，最后访问日期：2019年12月15日。该研究中心于2018年成立，首次发布数据。

② 载https://www.sohu.com/a/230253737_186085，最后访问日期：2019年12月14日。

人、江北新区党工委副书记、11 个区党委书记签订目标责任书。① 南京市生态环境局针对环境污染不同情况采取移交纪检监察部门、区域环评限批、挂牌督办、媒体披露等多种措施强化督查效力。

4. 南京长江经济带生态环境高质量发展的司法保障

(1)设立南京环境资源法庭,高度集中、专业化审理环境资源案件。2019 年 7 月,最高人民法院批准在南京设立全国首家环境资源法庭,集中管辖江苏全省环境资源领域 9 个生态功能区法庭上诉案件和中级人民法院管辖的一审案件。与此同时,江苏省人民法院以生态功能区为单位设立长江流域(南、北片)、太湖流域、洪泽湖流域、骆马湖流域等九大环境资源法庭,跨设区市集中管辖全省基层法院一审环境资源生态环境损害赔偿诉讼和环境公益诉讼案件以及刑事、民事、行政案件。

(2)检察公益诉讼工作服务长江生态环境高质量发展。南京市检察机关落实中央关于长江大保护战略部署,推动长江生态环境和资源立体式保护。在全市部署开展"滨江生态环境与资源保护专项公益调查活动"和"'守护长江'检察公益诉讼专项活动",共办理涉长江生态环境与资源保护公益诉讼案件 68 件。2019 年 6 月 13 日,南京市第十六届人大常委会第十六次会议听取全市检察机关公益诉讼工作情况的报告,审议通过了《南京市人大常委会关于加强检察公益诉讼工作的决定》。

(四)南京长江经济带生态环境高质量实现的问题检视

1. 发展与保护的矛盾仍然突出

南京长江段自西南向东北贯穿全市,江面宽阔,支流众多,被誉为"黄金水道",是南京主要的饮用水水源地,也是南京主要的工业废水受纳水体。在过去的几十年中,一大批大型石化、钢铁、造船、发电企业在长江南京段沿线布局,形成南京沿江以重化工业为基础的产业格局。以此为产业链,长江南京段船舶运输尤其是危化品运输非常繁忙,"重化工围江"之困,摆在眼前,"两钢两化"转型发展压力较大。

2. 高质量发展各项指标缺乏刚性约束

由于内部局限和外部障碍双层因素的存在,使高质量发展各项科学管控指标并未形成发展与保护的刚性约束机制。内部局限即高质量发展的各项指标由于是在各类规划、政策文件中得以确认,而在效力层级得到的重视程度不高;外部障碍即在经过科学测算和论证得出的各项指标提出后,缺少配套的约束手段,对于未达到指标要求的情况缺乏必要的惩戒措施和责任追究机制。

3. 生态环境法治化建设"分割"格局

长江经济带生态环境保护中涉及的主体有政府及相关部门、企业和自然人,各参与

---

① 载 https://newlive.longhoo.net/index.php? g = portal&m = list&a = index&id = 1061,最后访问日期:2019 年 12 月 23 日。

主体的责任不清晰，易形成“公地悲剧”的困境。同时，涉长江管理机制运行不协调，缺乏整体保护意识。

4. 部分生态环境保护机制仍存在不完善之处

一是“污染者赔偿”被纳入部分地区生态补偿实践中。比如，南京某区以“谁超标、谁赔偿，谁达标、谁受偿”为原则，鼓励流域下游与上游通过资金补偿、产业转移等方式，建立横向补偿关系。① 二是产业规划制度执行阻力较大。四大片区整治至今仍是南京产业转型的难点，沿江产业布局的不合理和“两钢两化”重点企业转型，都成了长江南京段乃至整个南京高质量发展的掣肘。三是超标罚款制度实效弱。《水污染防治法》规定的二倍以上五倍以下的罚款幅度，是一个自由裁量幅度很大的法律条款。而南京地方政府的环保部门在行使行政处罚自由裁量权时，存在减少行政罚款的现象。

三、长江经济带生态环境高质量发展的法治实现路径

从环境治理的基本方略和基本方式出发，长江经济带生态环境高质量实现的路径，具体说来，就是完备的法律，高效的法治实施体系，严密的环境监督体系，有力的法治保障体系。以南京为例，目前南京地区长江保护工作已形成“一套体系”，《南京市长江岸线保护办法》《南京市大气污染防治条例》《南京市水环境保护条例》的实施，《南京市滨江生态环境保护要点》《南京市长江经济带生态环境保护实施方案》等文件的出台，标志着南京地区长江经济带生态环境高质量实现已形成一整套完整的制度体系。如何将“书本中的长江岸线保护法”全面转化为“行动中的长江保护法”，已经成为南京法治建设的关键。

（一）构建长江经济带生态环境高质量实现的法治保障机制

1. 完善长江经济带生态环境主体法律制度

长江经济带生态环境高质量发展法律保障制度中的法律关系主体，包括国家、企业、社会团体和公民个人。政府作为行使国家权力的代表，应当充分行使其保护自然资源和生态环境的职能，发挥政策制定者、调控者、利益协调者和公共产品供给者的作用。企业是市场行为最大的主体，在长江经济带绿色发展过程中，也同样承担着保护经济带生态环境的社会责任。公民个人作为生态环境最广泛、最直接的受益者，在享受良好生态环境带来的权益的同时，也应该积极履行保护自然生态环境的义务。社会团体既能够反映不同主体的利益诉求，又能够实现与市场主体、政府部门之间的良好沟通。

2. 完善长江经济带生态环境责任制度

无论是我国综合性的《环境保护法》，还是专门性的《水法》《水污染防治法》等法律法规，均设有专章对相应主体的法律责任进行了明确规定，不仅包括主体的民事责任，还包括其行政责任和刑事责任。长江经济带生态环境民事责任制度主要围绕水、土地、矿

---

① 载 http://hbj.nanjing.gov.cn/gqdt/jnq/201612/t20161209_582870.html，最后访问日期：2019 年 12 月 22 日。

产等自然资源的权属交易运作以及环境污染造成的实际损害赔偿展开。环境民事责任主要强调的是恢复和补偿等经济性义务。如取用水资源的企业或公民个人，应当按照国家取水许可制度和水资源有偿使用制度的规定，缴纳水资源费；或者企业或个体工商户向江河、湖泊等水体排放污染物，就要按照法律规定，根据其排放污染物的种类、数量、浓度等因素以及排污费征收标准缴纳排污费。而生态环境责任中的刑事责任则是最严厉的一种法律制裁方式，如《刑法》中规定了污染环境罪。当前，仍需进一步完善政府环境责任，对各级地方政府及相关行政部门的环境职权与责任进行合理界定，对政府和相关行政部门的单位集体责任和领导个人责任进行科学界定和明确划分。

3. 明确长江经济带生态环境绩效考核体系

为实现长江经济带生态环境高质量发展，应当在经济带各级地方政府构建体现生态文明理念的考核体系和办法，淡化GDP考核，建立体现生态文明建设要求的评价指标体系，并制定相应的考核办法与责任追究制度。以南京为例，结合地方实际，要实行转变经济发展方式优先的绩效评价，强化对经济结构、资源消耗、环境保护、自主创新以及社会公共服务覆盖面等指标的评价，弱化对经济增长速度、招商引资等指标的评价，主要考核高新技术产业比重、主要污染物排放总量控制率、研发投入经费比重、大气水体质量及"三废"处理率指标等。

（二）完善长江经济带生态环境高质量实现的司法保障机制

1. 完善检察机关内部专业的环境检察机构

目前，南京地区审判机关已有完整环境审判机构，行政机关的机构建设也在加强；为了应对环境问题的特殊性，以及配合环境行政机关与环境审判机关的工作，设立好专业的环境检察机构，对环境法律监督和环境检察权的行使将是重要的保障。建议对生态环境案件的管辖，在属地管理模式上，以省份为单位跨流域管理。以下是几种思路：一是参照北京和上海跨区划检察院模式，将跨区划检察院定位为省级检察院的派出机构，采取单一诉讼层级的跨区划管辖和组织建制，也就是在原来铁路运输检察院的基础上改造。但这种受到固有模式限制，小修、小补的方式无法实现司法管辖制度改革的最终目标，具有一定的局限性，发挥作用不大。二是建立省级行政区划范围内的跨流域保护检察机构。可以参考南京环境资源法庭的设置模式，将省内环境公益诉讼案件、环境资源民事、刑事、行政案件集中到南京地区，在南京市检察院内部设立南京环境资源检察部；在案件数量达到一定规模后，可以提请批准设立南京市环境资源检察院。三是在南京市检察院内部设立南京环境资源检察部，仅集中管辖全省环境公益诉讼案件。四是参考郑州铁路运输检察院的模式，对铁路运输检察院管辖案件进行调整，即南京铁路运输检察院集中管辖长江江苏段环境资源民事、刑事、行政案件和公益诉讼案件。五是考虑各级检察机关对行政公益诉讼案件的畏难情绪，可以在省内划分南、北片区，由南京铁路运输检察院和徐州铁路运输检察院集中管辖行政公益诉讼案件。

无论是集中管辖全省环境资源案件还是长江江苏段环境资源案件，无论是集中管辖环境资源民事、刑事、行政案件、公益诉讼案件还是仅集中管辖公益诉讼案件，无论是集中管辖至南京市检察院还是南京铁路运输法院，各种模式都有其制度优势。本文提供的可行的机构设置模式如表1所示，机构的设置和管辖范围可以结合江苏及南京实际，变换多种组合模式。

表1　跨流域检察机关设置的可行模式

机构设置	管辖范围
南京市检察院内设南京环境资源检察部(在案件数量达到一定规模后，可以提请批准设立南京市环境资源检察院)	全省环境资源公益诉讼案件、环境资源民事、刑事、行政案件
南京市检察院内设南京环境资源检察部	全省环境资源公益诉讼案件
南京铁路运输检察院	长江江苏段环境资源民事、刑事、行政案件和公益诉讼案件
南京铁路运输检察院、徐州铁路运输检察院	省内划分南、北片区，集中管辖行政公益诉讼案件

2. 完善生态环境损害赔偿与环境公益诉讼衔接机制

生态环境损害赔偿诉讼与环境公益诉讼都旨在救济环境公益，虽然两者在适用范围上并非完全一致，但生态环境损害赔偿诉讼完全位于环境民事公益诉讼范围之内，两者属于一种被包含与包含的关系。两项工作试点期间，南京均是试点地区。南京检察机关在试点期间提起行政和民事公益诉讼各1件，制度正式确立后各项工作均稳步开展。目前，生态损害赔偿诉讼在南京并未涉及，相关工作处于探索阶段。环境资源行政监管部门与司法机关有不同的分工与权力运行方式，应充分发挥各自的作用。在生态环境损害救济领域中，环境资源行政监管部门须承担第一顺位的环境保护义务，应依法行使其行政权来填补生态环境损害、维护环境公共利益，而司法权更宜退居二线，扮演好最后一道防线的角色。

南京地区可以探索检察建议与生态环境损害赔偿磋商的衔接。实践中涌现了很多省级、地市级政府及其指定的部门、机构根据检察院检察建议或者移交的线索，开展赔偿磋商的案例。比如，上海市人民检察院第一分院将办案过程中发现的线索移交上海市松江区生态环境局，由该局与两家涉案公司磋商并签署生态环境损害赔偿协议，两家涉案公司共同承担污染物处置费、鉴定费、应急费用、检测费用共计人民币200余万元。① 浙江省龙游县人民检察院发出行政公益诉讼诉前检察建议，督促龙游县环保局等单位向相关责任人追偿应急处置费用，同时与县环保局共同推动生态环境损害赔偿磋商工作。②

① 载 https://new.qq.com/rain/a/20190802A0P5TN00，最后访问日期：2019年12月23日。

② 载 http://www.xinhuanet.com/legal/2018-08/04/c_1123222763.htm，最后访问日期：2019年12月23日。

借鉴其他地方实践探索，在生态环境损害赔偿领域，南京地区可以探索环境资源行政监管部门与检察机关良性协调联动的新机制。

3. 规范环境诉讼中修复资金的管理和使用

在公益诉讼司法实践中，检、法两家把生态保护和环境修复放在优先位置，依法认定生态环境受到损害，并根据评估报告、专家意见合理确定生态环境修复费用，依法追究污染者的环境侵权责任。同时，充分运用司法智慧，创新环境修复费用履行方式。但涉及环境公益诉讼赔偿款的入账、使用和监督，以及修复生态、恢复环境科研、实施、评估等的科技专业性问题，缺乏明确的规定。环境诉讼中修复资金由法院自己管理和使用，与法院的裁判职能不相符合；许多环境纠纷引起的环境民事公益诉讼事件，往往由于环保行政机关监管不力所致，因此由环保行政机关管理和使用相关资金也存在逻辑悖论和道德风险。① 吕忠梅教授在 2016 年“两会”期间接受记者采访时表示，环境公益诉讼司法判决资金从性质上看属于国家收入，但其使用方式、使用范围应该有明确的限定，如将其简单作为国库收入并由各地方财政使用，不仅会使这笔资金无法达到生态环境修复和保护的目的，而且可能会对地方政府形成负面激励，甚至导致另一种形式的地方保护主义。故而需要在南京地区设立专门的生态环境资金账户，在政府层面设立专门基金，明确其管理和使用。

（三）建设长江经济带生态环境高质量实现的守法保障机制

1. 加大普法力度、完善普法机制

长江经济带生态环境建设守法主体，包括公民、行政机关、司法机关和企事业单位等。可以将目前环保教育制度化，规定各个环保教育主体、普法内容、面向受众、普法频率等，以此长效机制实现公民生态环境保护理念的加强。除此之外，南京环境资源法庭就地裁判环保案件、南京检察机关检察公益诉讼工作的宣传等也可以发挥普法功能。同时，建立环保守法激励机制，引入流域生态环境保护公民参与制度，以系统外监督制约政府行政权力，促其守法。

2. 保障公民参与制度

我国目前的生态环境立法当中，公民参与制度化程度不高，而且对其效力也没有相应规定。笔者认为，可以建立一种行政相对人参与机制，以制约行政主体权力的行使以及保证行政主体与行政相对人之间信息的对称性。

3. 完善环保信息公开制度

完善环保信息公开制度，有部分企业以涉及商业秘密为由拒绝公开环保信息，如果经环保机关核实属于危害公共利益、可能造成重大环境污染的因素，即使属于商业秘密，也应该予以公布。

---

① 参见巩海平、陈原原：《论我国环境民事公益诉讼制度的完善》，载《甘肃政法学院学报》2016 年第 3 期。

正本与转型:多维度视角重构检察建议工作

闵正兵*

摘要:检察建议作为检察机关履行法律监督职能、参与社会治理的重要方式,在司法实践中产生了积极的影响,彰显了检察机关法律监督职能。但目前检察建议还面临着程序、形式、效力没有具体明确规定、缺乏准确法律定位等问题。当前,从检察机关职能定位、历史纵向发展、横向职能对比等角度对检察建议进行观察和思考,开展类型化研究,有利于在正本溯源中做好转型时期的发展和重构工作。

关键词:多维度　检察建议　发展重构

一、历史发展维度考察

(一)初步形成阶段

1954 年《人民检察院组织法》颁布实施,检察机关的一些规定开始具备检察建议的雏形。检察机关恢复重建后,各级检察机关积极参加"综合治理",在办案中探索和尝试对发案单位管理上存在的漏洞,通过检察建议及时帮助他们健全制度、加强管理、预防犯罪,受到社会各方面的肯定和欢迎。① 1983 年,最高人民检察院制作检察建议书的基本格式,倡导和推动检察建议工作。检察建议很早就是检察机关在司法实践中参与预防犯罪、综合治理的重要方式。②

(二)发展完善阶段

1995 年颁布施行的《中华人民共和国检察官法》首次在法律中明确提及检察建议,将"提出检察建议或者对检察工作提出改革建议被采纳,效果显著的"作为检察官的奖励项。而检察建议作为法律监督方式存在是在进入 21 世纪后。2001 年最高人民检察院颁

---

* 闵正兵,江苏省苏州市人民检察院党组书记、检察长。

① 参见高光荣:《综合治理检察建议初探》,载《检察理论研究》1993 年第 10 期。

② 参见周新:《我国检察制度七十年变迁的概览与期待》,载《政法论坛》2019 年第 6 期。

布实施《关于刑事抗诉工作的若干意见》和《民事行政抗诉案件办案规则》等，明确了将检察建议作为诉讼监督的一种方式。2009 年，最高人民检察院制发《人民检察院检察建议工作规定（试行）》，推动检察机关立足法律监督职能，积极开展检察建议工作。[①] 后续修订的《民事诉讼法》和《行政诉讼法》将检察建议确立为检察机关履行法律监督职责的一种方式。

（三）规范提升阶段

2019 年施行的《中华人民共和国人民检察院组织法》第 21 条规定检察机关可以“依法提出抗诉、纠正意见、检察建议”，将检察建议作为检察机关履行法律监督职责的重要方式。为适应检察建议的新功能和新要求，加强和规范检察建议工作，最高人民检察院在 2019 年 2 月制发《人民检察院检察建议工作规定》（以下简称《检察建议规定》）。由此，检察建议的制发量显著上升，但是随着上级院备案审查制度、类案只能发一份检察建议等要求的提出，检察建议从单纯追求数量到越发重视质量。

二、检察建议的现状考察

（一）现状发展逐渐呈现出理性回归的趋势

检察建议的唯一来源应是法律的规定，但为更好发挥检察监督职能，检察机关的一些监督工作在没有法律依据的情况下也在使用检察建议的形式。从近年来的理论研究和实务情况看，检察建议的研究越发理性和全面。检察建议与起诉书、量刑建议等文书在法律属性上具有高度的一致性，本质上都属于建议类文书，属于刑事诉讼过程、民事行政检察监督过程的建议，这类建议文书因检察职能的特殊性，被赋予了特殊的价值和意义。

（二）各地创新实践加深和促进对检察建议的思考

1. 检察建议令状化。检察建议令状化改造，是依照法定程序提出并产生一定的法律效果，使检察建议更具程序性和执行力。如无锡市锡山区人民检察院通过令状化改造工作，向无锡市民防局发出全市首例督促履职令，督促被建议单位及时、依法履职。[②] 检察建议令状化改造的核心在于通过立法明确检察建议的法律地位[③]，赋予其明确的法律约束力，提升检察建议的硬度。

2. 检察建议案件化办理。通过对检察建议实行案件化办理，可以提升检察建议的规范化、精细化和科学化水平。2018 年 10 月，山东省人民检察院出台《山东省检察机关检

① 参见陈国庆：《〈人民检察院检察建议工作规定（试行）〉解读》，载《人民检察》2010 年第 1 期。

② 参见戴佳、贺俊丽：《无锡锡山：探索检察建议“令状化”改造 提升执行刚性》，载 http://news.jcrb.com/JxsW/201808/t20180828_1900651.html，最后访问日期：2019 年 12 月 28 日。

③ 参见朱良平：《检察建议令状化改造研究》，载《江苏法制报》2017 年 9 月 19 日。

察建议工作实施细则(试行)》,规定对检察建议实行案件化办理。[①] 2019 年 4 月,福州市鼓楼区人民检察院出台《检察建议办理规程》,对检察建议案件化办理作出规定。[②] 案件化办理的检察建议大致是按照线索受理、立案调查、制发送达、监督落实、评估归档等步骤,遵循案件办理的基本流程。通过系统全程留痕,实现全程监督,落实检察监督责任,倒逼办案人员树立规范意识,提升检察建议的制作质量和实际功效,也有助于案件管理部流程监控和分类统计,进行动态化管理。

3. 检察建议公告宣告制度。宣告是现在各地检察机关比较常用的一种送达方式。2018 年 11 月,黑龙江省铁力市人民检察院通过公开宣告会,使被建议单位铁力市水务局深刻理解了检察公益诉讼的现实意义。[③] 2019 年 11 月 15 日,湖南省冷水江市人民检察院在被建议单位市应急管理局召开公开宣告送达现场会,会上被建议单位领导表示一定全力配合检察机关,确保被建议问题得到解决。[④] 这里需要说明的是,截至目前检察建议公告在实践中还尚未出现过。2018 年 11 月,黑龙江省委全面深化改革委员会审定《黑龙江省人民检察院关于检察建议宣告、公告的规定》,对检察建议公告主体和级别进行了严格限定。[⑤]

除了上文提到的做法,各地检察机关还通过联合人大、政府等机关推动检察建议落实、将检察建议质效纳入绩效考核、开展检察建议"回头看"、检察长亲自送达检察建议、召开圆桌会议等方式,推动检察建议发挥监督质效。

(三)顽固性问题的长期存在制约着工作效能发挥

1. 对检察建议认识不足。部分检察干警和被建议单位对检察建议的认识没有与时俱进。首先,一些检察干警认为检察建议长期以来只是检察机关一项延伸线、辅助性工作,办理诉讼案件才是硬任务,制发检察建议是软任务,是副产品。而且,如对公安改变强制措施、羁押必要性审查的建议书,对法院的简易程序、延期审理的建议书等,实践中也被统称为检察建议书,相关概念的重合和混淆,影响了检察干警对检察建议属性和性质的认识。其次,一些被建议单位存在认知混淆,误认为检察建议是处罚类的文书而产生抵触;认为检察机关多管闲事或小题大做,对指出的问题缺乏正确认识。

2. 检察建议整体质量不高。传统办案模式下难以保证检察干警在制发检察建议时投入足够的精力,呈现出的质量也令人担忧。从调研的情况看,针对个案制发检察建议

---

① 参见《山东省检察院出台标准　提出检察建议一律实行案件化办理》,载《大众日报》2018 年 10 月 30 日。

② 参见郑雯:《"五步工作法" 推进检察建议案件化办理》,载 https://www.thepaper.cn/newsDetail_forward_4237430,最后访问日期:2019 年 8 月 23 日。

③ 参见韩兵、王伟业、刘宏新:《实行检察建议公开宣告制度》,载《检察日报》2018 年 11 月 5 日。

④ 参见肖理嫦:《冷水江:安全生产监管检察建议公开宣告送达》,载 http://www.sohu.com/a/354495349_120055,最后访问日期:2019 年 11 月 18 日。

⑤ 参见崔东凯、张冲:《黑龙江出台〈意见〉支持检察机关依法开展公益诉讼》,载 http://www.legaldaily.com.cn/locality/content/2018-11/07/content_7687134.htm,最后访问日期:2019 年 11 月 7 日。

占多数,对同类频发、多发问题关注度不够。一方面,检察干警对被建议对象的业务不熟悉,不了解所涉对象的规章制度、部门设置、运行模式等,缺乏相关的知识和主观能动性,分析问题缺乏严密的逻辑论证,难以提出针对性强、可操作性的检察建议。① 另一方面,一些文书制作不规范。有些干警对新的规定学习了解不够,存在文书语言不规范、用词不准确、部分内容雷同等问题,还有的文书出现错别字或没有列明异议期限、回复期限等,缺乏严谨性,严重影响检察建议的严肃性和公信力。

3. 回复整改不到位。就实践情况来看,检察建议逾期不回复、整改落实不到位的情况较为严重。有些单位虽然接收了检察建议,但回复的方式多种多样,有的仅电话告知,或者书面回复却内容简单,格式较随意,还有少部分被建议单位回复时间滞后。部分地区视回复为采纳、视回复为整改落实。由于缺乏惩罚性的措施和成熟、完善的跟踪机制,一些检察建议难以真正落实。对落实中的阻力和困难,一些干警存有畏难情绪,不能及时同被建议单位进行有效的沟通、协调。

4. 机制建设亟待完善。目前检察建议还缺乏配套的管理、评估和考核体系。检察机关的法律文书是通过统一业务应用系统生成,但由于系统设计不完善等原因,各业务部门在系统模块内制作的检察建议,不能以院名义形成统一的编号。与此同时,实践中不少院没有定期分析评估检察建议工作。另外,不同类型的检察建议涉及的内容差别较大,建立统一科学细致的考核标准难度较大,给制发之后的管理、落实工作也带来了困难。

5. 争取支持配合不够。实践中检察机关借助外力的支持和配合力度还不够。首先,被建议单位配合的力度不够。检察建议的公开程度不高,在社会上的传播度、知晓度和影响力还不足。② 其次,争取党委、政府、人大的支持力度不够。大多数院没有把检察建议工作作为专题向党委政府、人大报告,形成的支持合力不够。最后,争取有关部门的支持有待加强,特别是与纪委监委、法院、公安、司法行政等联系密切的单位,缺乏良好的协调配合机制。

三、检察建议的本源考察

(一)概念与内涵

检察建议是检察机关开展检察监督的一种方式,其概念外延大于检察建议书。检察建议包括法定检察建议和检察机关内部规定的检察建议。检察建议作为一种监督方式,应基于法律的授权,而不是检察机关内部的规定。当前检察建议大部分散见于检察机关内部规定,反映出立法的不足和滞后,亟须给检察机关更加明确的授权。但检察建议又

① 刘珊:《检察建议工作的完善路径分析》,载《法制博览》2019 年第 8 期。

② 参见冯健:《建立公告宣告制度增强检察建议刚性》,载《人民检察》2018 年第 16 期。

具有自身的特殊性,不宜作扩大解释,应当严格限定,如量刑建议书、适用简易程序建议书等,也属于检察建议,但其实质已经脱离检察建议的范畴,不应归属检察建议的范围。

(二)正当性考察

有学者指出,"关于检察建议的立法解释缺失,造成检察建议的适用保障乏力,检察机关单独出台的司法解释对检察系统之外的单位和个人不具有约束力"。[①] 检察机关在法律规定之外使用的检察建议,类型多而杂,难免使人陷入一种困顿。检察建议从其设立的原始初衷来讲,应是低于抗诉、纠正违法通知书的一种监督,目的仍是开展监督,至于监督的效力是否以建议的方式提出,需要被监督者自主选择。检察建议最大的优势在于其是一种柔性监督,本质是"建议"。如果赋予检察建议一定强制力,那么检察建议就不应当是"建议",则需以另一种形式出现。

(三)应当具备的要素

任何一种法律手段,应具备救济途径,也应被赋予一定的法律效力。因此,从法律手段的必备要素来看,救济途径和强制力相互对立、相互依存。但检察建议本质是一种建议,建议的性质决定了它是一种外在监督,至于能否得到执行、是否有执行的必要,取决于被建议对象的自由选择。笔者认为,检察建议是一种法律监督手段,是柔性监督,在强制力上不能完全等同于其他法律手段,不能要求所有检察建议都具备强制执行力。必须具备强制执行力的检察建议,可以使用其他法律文书的形式得以体现,不必全部归为检察建议的范畴。检察建议还应当具备一个重要的要素即程序的合法性,通过规范化制作程序,避免权力被滥用。

四、检察建议的分类考察

检察建议可以分为法律规定的检察建议及检察机关内部规定的检察建议。后者又可以分为许多不同的种类。按照性质主要分为诉讼监督类、职务犯罪预防类、行政检察监督类和综合类四种。

诉讼监督类检察建议是在办案中产生的,属于诉讼环节的一部分,法律效力及救济途径都很明确,对被监督对象的约束力比较强,实际执行中的效果也比较理想。职务犯罪预防类检察建议主要是自侦部门针对办案中发现的问题,对完善单位内部管理、加强党风廉政建设等方面提出的建议,更多是对单位内部提出的要求,很少有对外界或行政相对人提出的建议,这类检察建议来源于自侦权力的保障,关系被查处单位的内部管理,一般能得到较好的贯彻执行。行政检察监督类检察建议是一项新生事物,主要是行政检察部门在行使,该项权力的定位还处于探索阶段,如何处理与行政复议、行政诉讼的关系,目前还没有定论,但对其进行令状化改造的呼声日益高涨,实践中也有不少地方进行

---

① 郑红:《检察建议立法化研究》,载《人民检察》2010 年第 14 期。

了尝试，本质上讲该类型检察建议也是一种办案形式。综合类检察建议主要是对办案中发现的问题提出建议，这类建议已经超出了案件本身，具有一定外在拓展性，建议的内容也更符合“建议”的性质，至于是否采纳、如何采纳，由被建议对象自主选择。有些问题可能具有更加独立的专业性，检察机关只能在表面将问题提出，至于落实效果不必进行跟踪回访。

有学者基于三分法，提出“应当立足检察职能，扣住宪法定位的根本要求，进行统筹布局、分类规范，即充实和强化法律监督类检察建议，巩固和简化参与诉讼类检察建议，调整和弱化预防违法犯罪类检察建议”。[①] 实践中，“三分法”已不能涵盖所有检察建议。

五、检察建议谋求新发展的路径选择

检察建议已成为承载检察监督的重要载体，其理论研讨的滞后随着现实中遇到的困难越发显现，导致对其处理大多采用单一的思路和方式。笔者认为，对检察建议的分类处理必须尊重各类型的特征和实践需求，按照实际运行规律进行探索。

（一）剥离检察建议外壳

一种类型检察建议书因其属于法律文书的形式，已经脱离“检察建议”的文本意义，对这种类型的检察建议就应当回归其本质，不再以“检察建议”的形式体现，而换以新的法律监督方式。如对羁押必要性审查的检察建议，其实质已经脱离了建议的性质，因其权力来源于检察机关的监督权力。《刑事诉讼法》第 95 条规定：“犯罪嫌疑人、被告人被逮捕后，人民检察院仍应当对羁押的必要性进行审查。对不需要继续羁押的，应当建议予以释放或者变更强制措施。有关机关应当在十日以内将处理情况通知人民检察院。”法律明文规定检察机关的是建议权，但这种建议权具有一定的法律效力，不同于一般的检察建议，对这种类型的检察建议可以采取监督意见书的形式予以替换。采取这样处理方式，有利于把握其权力行使的核心，避免与一般类型检察建议的混同。再如，刑事再审检察建议，同样可以使用法律监督意见书的形式，区别于其他没有权利救济途径、没有强制执行效力的检察建议。对不适合以检察建议方式提出的“检察建议”，则使用法律监督意见书或者其他监督文书予以替代，以符合该类型检察监督权力行使的需要。

（二）赋予一定的强制力

检察建议是否需要一定的强制力，这种强制力的来源在哪里？一旦赋予了强制力，其能否再以检察建议的形式体现？对于这些问题目前还缺乏更深层次的研讨。根据实践情况来看，赋予一定的强制力也是一种有限的强制力，这种类型的检察建议主要集中在民事行政检察监督类，通过党委、政府、人大的领导或监督，使检察建议的内容能够得到实际执行。这种强制力不同于法律授权的强制力，它是对外界权力的寄托，依赖于其

---

① 吕涛：《检察建议的法理分析》，载《法学论坛》2010 年第 2 期。

他权力的配合与支持,而非真正独立的强制力。在国家权力体系设计上,非诉讼行政检察的权力行使空间在哪里,目前缺乏深入的分析和研究,对于违法行政行为的监督有着行政机关内部监督、外部行政诉讼的司法监督以及监察体制改革后的违法违纪监督,非诉讼行政检察监督必须在这三种监督之间寻找空白点,不能越俎代庖。非诉讼行政检察监督要紧密结合行政行为的研究,对抽象行政行为和具体行政行为进行详细分析,找到合适的监督对象。赋予这一类型检察建议有限的强制力,同时还要考虑权利救济途径设计等问题。赋予强制执行力的问题应当回归到非诉行政检察监督的合理性探讨上,结合法律文书应当具有的强制力、救济途径完备、程序合法性三个要素进行设计,不能单纯为了追究强制力忽略其他要素。

(三)回归检察建议的本质

对于有些相对专业的问题,检察机关只能从法律适用层面发现其存在的问题,有些问题局限于表面,检察机关也没有更多专业人士进行深入研究,如城市规划、道路设计、危化品如何进行管理等。检察机关也不能代替行政机关行使相关权力,只能更多的是站在监督者的角度,督促其对个别问题加强管理。对于这一类型的检察建议就应当回归其"建议"的本质。在建议的内容上要适当把握,在建议的制作程序上可以加强与相关机关的沟通,设计独立的调查工作机制等。自侦部门发出的预防类检察建议同样属于这种建议的性质,没有必要赋予其一定的强制力,该类型检察建议是真正文本意义上的"检察建议"。在改造方法上,应当从规范化管理的角度进行完善。

(四)检察建议重构中需要关注的问题

1. 提高对检察建议的认识。首先,提高干警思想认识。随着《人民检察院组织法》的修改,解决了检察建议法律依据不足的问题,应通过学习教育促使干警充分认识检察建议是检察工作的重要组成部分。其次,充分认识检察建议的重要意义。检察建议对提升检察机关法律监督的公信力具有举足轻重的作用,检察干警要强化服务大局意识,不能就案办案,要深入剖析案件反映出的倾向性问题和管理漏洞,树立起"在办案中监督、在监督中办案"的理念,结合履行法律监督职能和司法办案活动开展检察建议工作,努力做到办理一案、治理一片,提升开展检察建议工作的积极性和主动性。

2. 提升检察建议的质量。检察建议的刚性主要取决于建议的质量,质量是检察建议工作的核心和生命线。[①] 首先,检察建议制发前要客观、全面了解问题所在。深入案发单位及其主管部门调查研究、实地走访,听取被建议单位意见,进行深入细致的剖析,了解深层次问题。其次,建立专家咨询制度。涉及金融证券、知识产权等专业领域的问题,及时向专家咨询请教,聚集多方智慧,保证建议的科学性和专业性。在日常工作中加强专业培训、岗位练兵、业务竞赛、考核评比等,全方位提升检察官能力素质。同时,要特别注

① 参见张振忠:《检察建议做成刚性的内涵及路径》,载《人民检察》2019 年第 7 期。

意监督质量和办案数量的关系。在加大办案力度、扩大办案规模的同时,做到实事求是、依法规范,处理好类案监督和个案监督的关系,避免滥发乱发检察建议,并探索以质量为中心的考核制度,推动检察建议工作健康有序发展。

3. 规范检察建议的制发。检察建议书制发应慎重、严肃和规范。在现有规定的基础上,以正在推进的"智慧检务"为契机,完善大统一应用系统,加强管理。一方面,制发过程严格依照案件办理流程。立案申请、报部门负责人、分管检察长审批,在大统一系统里全程流痕。发送前送研究室进行初步审核,保证格式、内容的正确,必要时提请检委会讨论决定,加强内部的协作配合。另一方面,规范检察建议的管理。由案件管理部门统一负责编号、登记、备案和管理工作,及时提醒和催办各业务部门录入检察建议信息,保障制发的及时性和有效性,避免多头制发、编号不一。由研究室按照《检察建议规定》定期对制发的检察建议进行分析、研判,将有关意见及时反馈给制发部门,促进检察建议的提升。

4. 强化检察建议的落实。检察建议的关键在于落到实处。首先,完善内部考核机制。通过对落实情况的考察,督促检察官重视落实情况,积极、主动地融入制发后的监督工作中。其次,积极争取党委、政府和人大的支持。通过议案的形式将检察建议的有关规定上升为地方性规章制度,提高检察建议的权威性和约束性。并将检察建议的落实情况纳入各单位部门的年度绩效考核,定期向党委和人大汇报检察建议开展情况,接受党委、人大的领导和监督,督促被建议单位重视。最后,加强与被建议单位的沟通协作。检察建议的落实主要依靠被建议单位,在送达检察建议时要进行充分的释法说理,取得被建议单位的支持与理解。对整改落实中存在的问题,详细了解情况主动帮助被建议单位分析原因、商量对策,协作开展工作,解决实际困难。同时,加强宣传,提升检察建议认知度。通过公开送达、公开发布检察建议等方式引起被建议单位重视,提升整个社会对检察建议的认识,也督促检察干警制作高质量的检察建议。还可以定期发布典型案例,扩大检察建议和检察机关的影响力,让社会在每一个具体个案中切实感受到检察建议的意义所在,实现法律效果、社会效果和政治效果的统一。

法治化营商环境中检察担当之困境与路径

——以“四大检察”职能为视角

江苏省南通市人民检察院课题组*

摘要：法治化营商环境建设对于法律的贯彻落实、平等保护等提出了更高的要求。检察机关应当顺应形势积极履行检察职能，针对法治化营商环境中检察机关面临的困境，探讨相应的解决路径，推动法治化营商环境的不断完善和发展。在此过程中，检察机关应当围绕检察机关在刑事、民事、行政和公益诉讼等领域的职责，全方位发挥检察机关在法治化营商环境构建过程中的作用，彰显法治进程中的检察担当和检察作为。

关键词：法治化营商环境　检察担当　保护路径

营商环境是一个国家和地区的重要软实力，也是核心竞争力。社会主义市场经济本质上是法治经济，营商环境的建设、优化与法治的发展、进步密切相关。构建营商环境，核心在于法治化，稳定公正透明、可预期的法治化营商环境，正在成为区域竞争的核心竞争力。检察机关是国家法律监督机关，理应在法治化营商环境建设中奋力担当、有所作为。当前，检察机关要围绕“四大检察”职能，针对法治化营商环境中检察担当面临的困境，探讨相应的完善路径。

---

* 课题组负责人：江苏省南通市人民检察院副检察长唐旭东；课题组成员：江苏省南通市人民检察院法律政策研究室主任张傲冬；江苏省南通市人民检察院办公室主任施春雷；江苏省如皋市人民检察院党组副书记、副检察长高丽；江苏省南通市人民检察院政治部副主任阮庚梅；江苏省南通市人民检察院检察官助理商银涛；江苏省南通市通州区人民检察院检察官助理张涛；江苏省如皋市人民检察院检察官朱志军；江苏省海安市人民检察院检察官助理刘合臻；江苏省如东县人民检察院检察官吴高飞。本文系江苏省南通市人民检察院2019年度检察理论研究立项课题“法治化营商环境中的检察担当——以平等保护为视角”的部分研究成果。

一、法治化营商环境中的检察担当

(一)服务法治化营商环境是检察机关的本职所在

当前"四大检察""十大业务"的检察工作新格局已经基本形成。通过开展检察工作,积极保护企业和企业家的合法权益,避免其受到犯罪的侵害,可以为企业的发展营造一个良好的外部环境,使其能够心无旁骛为生产经营,为经济发展做贡献。[①] 检察机关应当通过履行法律监督职能,依法打击包括经济犯罪在内的各种犯罪,开展刑事、民事、行政、公益诉讼检察工作,为法治化的营商环境贡献相关的检察作为。

(二)平等保护是检察机关服务法治化营商环境的基本原则

平等保护原则强调立法与司法上的平等,服务法治化营商环境要求司法上实现对各种所有制经济的平等保护。平等保护,要求检察机关在"四大检察"层面上对各种所有制经济一视同仁,杜绝歧视。检察机关要针对涉企民事纠纷、刑事犯罪日益增多且界限不清的趋势,严格区分普通经济纠纷和刑事犯罪。在办理涉企案件中,最大可能地减少对涉案企业正常经营活动的影响。在司法实践中,不同所有制、不同注册地、不同规模的经济主体,遇到相关的民事、行政、刑事纠纷的时候,司法机关有时没有做到公平对待、不偏不倚,行业保护、地方保护仍然存在。检察机关服务法治化营商环境建设,应当坚持以事实为依据,以法律为准绳,避免案外因素干扰,真正实现平等保护。

二、法治化营商环境中检察担当面临的困境——以 N 市为例

(一)法治化营商环境建设中刑事检察之困境

1. 危害企业主人身财产安全犯罪不容忽视。近年来,N 市因经济纠纷引发的危害企业主人身财产安全的恶性案件,比如故意杀人、故意伤害、强迫交易、合同诈骗等相关案件,仍在一定程度存在。该类犯罪往往由工程纠纷、劳资纠纷等引发,而且利用互联网平台实施的新型犯罪开始出现,妨碍法治化营商环境建设。

2. 涉企知识产权犯罪时有发生。近年来,N 市涉企知识产权案件主要涉及假冒注册商标罪、销售假冒注册商标的商品罪、非法制造、销售非法制造的注册商标标识罪、侵犯著作权罪。其中,遭受侵害较为突出的领域为酒业和家纺业。此外,利用网络侵犯知识产权成为新动向。知识产权案件相对多发,对于优化营商环境带来负面影响。

3. 行业垄断以及市场准入犯罪较为突出。数据显示,N 市存在部分企业和个人拉拢社会闲散人员,有组织地通过暴力、威胁等违法犯罪手段,多次实施违法犯罪活动,破坏了市场健康有序发展的环境。此外,一些企业尤其是非公企业因市场准入、获得信贷等

---

① 参见罗继洲、焦俊峰:《"重商崇企"理念下检察职能的定位与履行》,载《武汉公安干部学院学报》2014 年第 1 期。

方面受限，不惜铤而走险，走上非法经营、非法集资等违法道路。

（二）法治化营商环境建设中民事检察之困境

1. 虚假诉讼案件相对多发。近年来，N 市一些企业和个人利用法律赋予的诉讼手段，捏造事实骗取人民法院的生效民事判决、裁定或调解书，达到其不法企图。此外，当前扫黑除恶专项斗争中，发现暴力讨债、违法放贷的“钱霸”有涉及虚假诉讼情况，破坏了法治化营商环境。

2. 民事审判执行违法不容忽视。实践中，N 市涉企民事审判领域，存在审查代理人代理权限不严格、阻碍律师依法行使诉讼权利、适用公告送达不当、送达内容不够规范以及审理程序违法等情形。此外，在某些案件的执行环节，出现明显超标的执行、选择性执行、未及时处理执行异议、违法处置被执行人财产等违法情形。

（三）法治化营商环境建设中行政检察之困境

1. 行政权不规范的消极影响。少数行政机关对合法行政与合理行政把握不到位，存在不当干涉企业的用人用工情况。还有极少数行政主管机关在城市形象工程建设中，过度干预企业的资源整合，使企业经营受到市场外因素的较多干涉。

2. 行政非诉执行违法行为情况。在非诉执行案件中，部分法院发生有案不立、执行不力、款物交接不当等现象，出现超过 5 天受理、超过 1 个月裁定、超过 3 个月执行的情形，有些案件中加处罚款、执行费未能及时执行。

（四）法治化营商环境建设中公益诉讼检察之困境

1. 民事公益受损现象。破坏生态环境和资源保护、食品药品安全领域等损害社会公共利益的行为因为涉及群体较为广泛，调查取证难度较大，沟通协调较为复杂，个人一般无力提起诉讼，法律规定的机关和有关组织也未及时起诉。除了《民事诉讼法》第 55 条明文规定检察机关可以提起公益诉讼的情形，[①]公共安全、安全生产、互联网等领域损害公共利益的行为也较为常见。民事公益受损现象，给正常营商活动带来较为严重负面影响。

2. 行政机关监管存在漏洞。法治化营商环境建设与政府管理服务关系密切，因而探索行政公益诉讼至关重要。《行政诉讼法》第 25 条规定了检察机关提起行政公益诉讼制度，列举了生态环保、食药安全、国有财产保护、国有土地使用权出让等提起行政公益诉

---

① 《民事诉讼法》第 55 条规定，“对污染环境、侵害众多消费者合法权益等损害社会公共利益的行为，法律规定的机关和有关组织可以向人民法院提起诉讼。人民检察院在履行职责中发现破坏生态环境和资源保护、食品药品安全领域侵害众多消费者合法权益等损害社会公共利益的行为，在没有前款规定的机关和组织或者前款规定的机关和组织不提起诉讼的情况下，可以向人民法院提起诉讼。前款规定的机关或者组织提起诉讼的，人民检察院可以支持起诉。”

讼的具体案件类型。[①] 然而，部分市场主体，在面临诸如政府信息公开不全面不及时、地方保护、维护营商环境中懈怠失职之类"等外"情形时，检察机关很难及时介入，市场主体合法权利难以充分保障。

三、检察机关构建法治化营商环境的路径

（一）做优刑事检察服务保障法治化营商环境

1. 严厉打击妨害营商环境相关犯罪。一是严厉打击危害企业主人身财产安全犯罪。企业经营者的人身财产安全得到有效保障，是企业正常生产经营的基本前提。检察机关应当分析研判侵犯企业主人身财产的各类暴力犯罪与经济犯罪的特点，充分发挥"两法衔接"及社会治安防控机制作用，有效打击、积极防控该类犯罪。尤其在当前扫黑除恶专项斗争中，强化对于各类高利放贷、暴力讨债的"钱霸"、欺行霸市的"市霸"行为的打击力度。二是严厉打击侵犯知识产权犯罪。产权保护特别是知识产权保护是塑造良好营商环境的重要方面。[②] 检察机关应当根据侵犯知识产权案件特点，借助现代信息科技手段，加强调查取证、举证质证、证据交换、法庭调查、法庭辩论工作力度。同时，有的放矢，突出打击链条式、产业化侵犯知识产权犯罪，营造公平竞争创新环境。三是严厉打击行业垄断以及非法经营犯罪。该类犯罪严重破坏法治化营商环境，检察机关应当予以有力打击，有效打破垄断。针对行为人实施的严重垄断行业经营、危害自由竞争经济环境、构成违法犯罪的行为，检察机关应当及时提起刑事诉讼，进而充分维护社会公共利益，推进市场经济健康发展。

2. 依法办理涉及经济纠纷和经济犯罪界限的犯罪。一是强化经济纠纷和经济犯罪交叉案件的检察监督。强化对公安执法活动的监督，针对公安机关在民刑交叉案件中滥用立案、侦查职权，应当立案而不立案或不应立案而立案的，进行立案监督。强化对法院审判活动的监督，在民刑交叉案件中，针对审判人员"以民代刑"或者纵容当事人诉讼诈骗等违法情形的，及时发出检察建议或者提出纠违。二是建立涉企案件经济影响评估机制，在查办涉企案件时，要评估案件的查处工作可能对企业经营活动产生的影响，尽可能把负面影响降至最低。[③] 检察机关在逮捕、起诉等各个环节，要评估办案可能对企业产生的经济影响，制定合理的防范预案，及时有效处置，降低办案可能对企业发展影响。严格把握罪与非罪、重罪与轻罪、个人犯罪与单位犯罪的界限，建立查办涉企案件经济影响评

---

① 《行政诉讼法》第 25 条第 4 款规定，"人民检察院在履行职责中发现生态环境和资源保护、食品药品安全、国有财产保护、国有土地使用权出让等领域负有监督管理职责的行政机关违法行使职权或者不作为，致使国家利益或者社会公共利益受到侵害的，应当向行政机关提出检察建议，督促其依法履行职责。行政机关不依法履行职责的，人民检察院依法向人民法院提起诉讼"。

② 参见徐丽、马成：《加强知识产权保护　塑造良好营商环境》，载《天津人大》2018 年第 11 期。

③ 参见张吟丰、唐龙海：《湖南检察机关建立查办涉企案件经济影响评估制度》，载《检察日报》2016 年 3 月 25 日。

估制度，依法规范慎重采取批捕、起诉、查封、扣押等措施，坚决防止将经济纠纷当作犯罪，杜绝将民事责任变为刑事责任，防止“案子办了、企业垮了”。[①]

3.审慎办理涉及企业融资类案件。一是准确界分非法集资与合法借贷行为，避免不当扩大打击范围，以非法集资罪法益为出发点，保持刑法惩罚和民法权利保护两项法律价值的衡平。[②] 在该类案件调查取证过程中，及时收集、调取、固定物证、书证、言词证据、电子证据等相关证据。二是坚持“防打结合、打早打小”理念，建立防范处置非法集资长效机制，加强对非法集资的监测预警。高度重视追赃挽损工作，把损失能否挽回作为评价司法办案效果的重要标准，对犯罪嫌疑人的非法所得依法追查到底，最大限度地挽回集资参与人的经济损失。三是审慎办理骗贷案件，对于企业及其工作人员取得金融机构贷款后，尽管没有按照规定用途使用贷款或者到期并未归还贷款，但是没有隐匿、转移、挥霍贷款行为的，不宜以骗取贷款罪或贷款诈骗罪处罚。

4.落实认罪认罚从宽保护企业权益。检察机关规范司法，办理涉企刑事案件，应当充分运用2018年《刑事诉讼法》新增的认罪认罚从宽制度，平等保护企业合法权益。具体而言，一要对于涉企案件最大限度适用认罪认罚从宽制度，涉企案件只要符合认罪认罚从宽制度要求的，都应当毫无例外的适用。二要建立涉企案件认罪认罚从宽工作机制，引导涉案企业及相关责任人员主动认罪认罚，对涉案企业开展充分的释法说理；提升量刑建议的精准度，通过释法明理和精确量刑建议促使涉案企业及其责任人员真诚认罪悔罪、主动认罪认罚。

（二）做强民事检察服务保障法治化营商环境

1.依法打击虚假诉讼行为。检察机关应当基于平等保护之宗旨，严厉打击虚假诉讼行为，维护公平竞争的市场环境。一是发挥检察建议的作用，发现有关单位为了进行恶意诉讼作伪证或者指使他人作伪证的，及时提出检察建议，建议有关单位采取措施，堵塞漏洞，防范恶意诉讼产生。对于不符合民事诉讼受理条件的，及时向人民法院发出检察建议，从源头上扑灭恶意诉讼苗头，防止恶意诉讼滋生。二是强化调查核实工作，在立案前对可能实行虚假诉讼的案件进行调查，查清相关的法律事实，充分运用法律赋予的调查核实权深入调查。强化证据审查认定，关注证据之间的相关性，形成完整的证据链条。引入证据开示制度，改进证据审查方式，提高诉讼效率。[③] 三是形成检察监督合力，除了检察建议，还要通过抗诉、移送线索、立案监督等方式对查办虚假诉讼案件开展检察监督，同时进一步完善虚假诉讼案件的管辖、追诉等相关程序，有效打击虚假诉讼行为。

---

① 参见范跃红、龚婵婵、倪建军、赵岩、王瑾：《坚决防止“案子办了企业跨了”》，载《检察日报》2018年11月25日。

② 参见林越坚、黄通荣、李俊：《非法集资与民间借贷的界限与刑民处分研究》，载《西南政法大学学报》2014年第3期。

③ 参见王彩云：《刑辩律师调查取证权探讨》，载《法制与经济》2012年第7期。

2. 监督民事审判执行行为。一是强化涉企民事审判活动检察监督,全面开展诉讼行为结果监督、审判人员违法行为监督,保护企业合法权益。将涉企生效民事裁判监督、民事调解书监督作为民事检察监督基础性产品做实,明确民事诉讼监督标准、条件,充分运用提出抗诉、提出再审检察建议等检察监督手段,做到该抗诉就抗诉,该建议则建议,坚持监督数量与监督质效相提并重。在涉企民事审判中发现审判人员违法情形,及时予以调查核实,注重搜集相关情报信息,及时移送相关职务犯罪线索,与职务犯罪调查、侦查部门建立审判人员违法调查协作机制。二是强化涉企民事执行活动检察监督,维护司法权威,认真贯彻《最高人民法院、最高人民检察院关于民事执行活动法律监督若干问题的规定》,推动建立执行与监督信息法检共享平台,加强动态支持与监督。合理运用检察建议等多种监督手段,重点监督涉企超标的执行、选择性执行、未及时处理执行异议、违法处置被执行人财产、错误分配财产、变相变更裁判结果等突出问题。加大对"终结本次执行"案件的监督力度,促进依法穷尽执行手段,防止滥用"程序结案"、实体久拖不决。

(三)做实行政检察服务保障法治化营商环境

1. 依法监督纠正行政违法行为。行政法治建设是营造法治化营商环境的基础,良好的行政法治对于优化法治化营商环境意义重大。行政机关滥用职权或者不作为,进而侵犯企业经营自主权的行政违法行为,对于营商环境的破坏力不言而喻,检察监督的介入至关重要。对此,一方面要明确监督重点与方式。关于监督重点,主要着力于行政机关侵犯企业用人管理权、侵犯企业生产经营决策权等方面;关于监督方式,主要着力于形成诉讼方式与非诉讼方式相结合的监督体系,①突出发出检察建议、发出纠正违法通知书、对法院裁判的行政案件支持起诉、提出抗诉、移交职务犯罪线索等监督方式。另一方面要明确监督具体程序,完善线索发现机制。发展多元化的检察线索来源机制,通过办理刑事、控申案件等活动依职权发现案件线索,通过联席会议、报送备案等方式发现案件线索;坚持书面调查与实地调查结合,建立相应保障机制,保障调查核实权的可操作性;优化监督纠正程序,经调查核实发现确有行政违法行为的,先通过发出检察建议或者纠违通知书等方式进行监督,及时说明制发理由,取得行政机关理解支持,要求对于落实情况限期及时反馈,拒不改正的可以支持起诉、提出抗诉。

2. 强化监督行政非诉执行活动。强化行政非诉执行监督,能够确保法院裁定得到有效执行,促进行政机关依法行政,维护国家利益、社会公益、当事人合法权益,有效保障法治化营商环境建设。具体而言,一要突出非诉执行领域检察建议的刚性,强化与人民法院、行政机关的沟通,围绕涉及营商环境重点领域环节,对于行政非诉执行中存在的普遍性、倾向性问题,针对性提出检察建议;健全完善检察建议跟踪机制,加强跟进监督、跟踪

① 参见张本才:《新时代检察机关法律监督的新内涵——以上海检察实践为视角》,载《第十四届国家高级检察官论坛论文集》。

落实、跟踪问效,努力把每一件检察建议做到刚性、做成刚性。二要强化沟通协调机制建设,构建内部一体化配合机制,加强线索摸排,强化内部资源及力量的整合与运用,建立双向移送、信息共享、协作配合机制,提升工作合力;加强对外联系沟通,建立健全信息通报、联席会议、衔接配合等工作机制,统一认识、化解分歧,推动建立行政非诉执行监督科学发展机制,提高公正司法和依法行政水平。①

3. 推进行政犯"反向移送"工作机制。对于行政犯法律责任的追究,除了追究刑事责任,还应追究行政责任。应当依法合并实施刑罚和行政处罚,不应忽视对犯罪单位的行政法律责任追究,关键是强化检察机关向行政执法机关移送涉及行政处罚案件的"反向移送"工作。针对行政犯仅被追究刑事责任而未被追究行政责任的情形,强化向行政执法机关的法律文书移送工作,促使其对需要作出行政处罚的及时作出相应处罚,并及时反馈处理结果。此外,对于不构成犯罪且不追究刑事责任,但仍给予行政处罚的行政犯,检察机关应当将法律文书及时移送行政执法机关办理,并且督促其在作出行政处罚后将处理结果反馈检察机关,防止行政犯逃避行政法律责任追究。②

(四)做好公益诉讼检察服务保障法治化营商环境

1. 认真做好民事公益诉讼检察工作。一是突出检察监督重点,除了《民事诉讼法》第55条列举的情形之外,还要高度关注公益诉讼"等外"情形。实践中,检察机关应当重点关注互联网、安全生产等方面严重侵害公益和企业合法权益,人民群众反映强烈,普通诉讼又缺乏适格主体的情形,适时提起民事公益诉讼。二是关注检察监督热点,密切关注民生热点领域,深入开展"保障千家万户舌尖上的安全"专项监督工作,着力解决农贸市场、超市、学校周边等销售有毒有害或不符合食品安全标准的农产品、食品,以及网络餐饮生产经营者违法加工食品等损害公益问题,细化公益诉讼检察服务乡村振兴、服务营商环境的具体举措。三是完善检察监督方式,充分发挥公益诉讼诉前程序作用,公告期间不宜调查取证,若公告期间有适格主体欲提起诉讼,只需将案件线索移送给相关机关或社会组织;公告期满没有相关机关或社会组织提起诉讼,才可进行调查取证为起诉作准备;基于民事公益诉讼的民事性特征,应当采取不限制人身自由的调查核实措施,不宜动用公权力采取强制调查措施。

2. 积极探索行政公益诉讼检察工作。《行政诉讼法》第25条列举的检察机关提起行政公益诉讼的案件类型较为狭隘,而且并未列举涉及营商环境保护的情形,亟须积极探索公益诉讼"等外"情形。具体而言,保护法治化营商环境的行政公益诉讼检察,应从以下几种案件类型开展:一是行政机关未依法公开涉营商环境的政府信息行为,政府未依职权范围主动公开相关政务信息,或者公开的信息造假以及不准确等行为,应列入行政

---

① 参见朱秋敏、罗芳兴:《行政非诉执行检察监督的难点及对策》,载《广西法治日报》2019年10月29日。

② 参见薛培、汤博为:《对"行政犯"须合并实施刑罚和行政处罚》,载《检察日报》2017年7月23日。

公益诉讼领域。二是行政机关的失信行为,《国务院关于加强政务诚信建设的指导意见》提出要营造既"亲"又"清"的政商关系,提供了政府失信行为的判断标准,要求建立健全各级政府和公务员政务失信记录制度等,上述领域的政府失信行为,应列入行政公益诉讼范围。三是行政机关的地方保护行为,对于政府实行地区封锁、地方保护,设置行政壁垒、分割市场,并涉及广大市场主体同等享有的公平竞争等权益的,应列入行政公益诉讼范围。四是行政机关在维护营商环境中懈怠失职的行为,对于黑恶势力索取"保护费"、哄抢财物、敲诈勒索以及经营者强买强卖、欺诈宰客等侵害公民、法人合法权益、破坏社会公共利益的行为,行政机关存在不予监管的失职行为,应纳入行政公益诉讼范围。

主题研讨

认罪认罚从宽制度下单位被害人权益保障研究

李　军　曹　莉*

摘要：认罪认罚从宽制度应在提高效率和实现公正之间保持平衡，实现公正要求保障各方权益，但司法实践中单位被害人的权益易被忽视。现有规定对保障被害人权益仅是概括规定，容易流为一种口号式"宣言"。根据单位被害人的特征，建议充分保障单位被害人的知情权、谅解权、量刑意见权。这一思路有助于提升单位被害人参与控辩协商的积极性和有效性，同时也与当下检察机关保障民营企业合法权益的职能目标相契合。

关键词：认罪认罚　单位被害人　权益保障　程序参与权

一、问题的提出

传统诉讼模式下，诉讼参与主体往往由控、辩、审三方组成，且形成了稳定的诉讼构造，而被害人作为犯罪行为直接侵害的一方，却很难对刑事诉讼进程产生决定性影响。虽然国家追诉主义要求刑事案件的公诉权由检察机关负责，[①]但这并不代表国家可以完全代替被害人，被害人仍然具有独立诉权的当事人地位。

单位被害人，是指因遭受犯罪行为侵害使财产等权益遭受损失的单位。单位作为被害人参与刑事诉讼，与自然人被害人在刑事诉讼中的诉讼地位、所享有的诉讼权利和所负担的诉讼义务基本相同，即控诉职能由国家专业机关和被害人共同行使，但实际上被害人的控诉权几乎形同虚设，往往只能提出民事赔偿。由于单位是法律拟制的"人"，且

---

* 李军，江苏省泰州市人民检察院党组书记、检察长；曹莉，江苏省泰州市人民检察院第二检察部副主任。本文系江苏省人民检察院2019年度检察理论研究课题阶段性成果（课题编号：SJ201912）。

① 参见［日］田口守一：《刑事诉讼法》（第七版），张凌、于秀峰译，法律出版社2019年版，第197页。

《刑事诉讼法》并未将单位明确列为被害人单位,与作为自然人被害人相比,控诉权更难以实现。与自然人被害人相比,单位被害人有着自身的特点:

第一,单位被害人受损的利益范围较小。刑事案件中自然人被害人遭受的损害包括身体、精神、财产或者其他利益。由于单位只是具有拟制人格的主体,因此单位不可能有人身或精神利益遭受侵害,单位作为被害人只能基于其财产或其他权益遭受犯罪行为侵害。具体而言,主要包括两大类型:一是单位的财产权遭受犯罪行为侵害,如单位财产被盗窃、毁坏等;二是单位的其他权益遭受犯罪行为侵害,如单位名誉、知识产权等被侵犯。

第二,单位被害人无法亲自参加诉讼。单位被害人毕竟不是真正的自然人,尽管拥有参加刑事诉讼活动的权利,但却无法亲自参加诉讼,而只能通过"代言人"来行使诉讼权利、承担诉讼义务。当法定代表人或者其他人员确定为单位被害人的"代言人"时,其个人的行为就代表着单位被害人,他有权行使被害人的一切诉讼权利,他的行为应由单位承担后果。

第三,单位被害人受损的权利修复较易。自然人被害人会因为犯罪引起身体或者心理的伤害,而任何一种刑事司法介入对身体伤害的恢复能力都是有限的,恢复性司法也不例外。① 倘若因为沟通不畅,认罪认罚制度忽略自然人被害人的意志,就会进一步刺激被害人,造成"二次伤害",加大矛盾。但单位被害人仅是法律拟制的人,其受损的权利一般可以通过赔偿等方式恢复。认罪认罚从宽制度下,如果有效加强与单位被害人沟通,使其与被告人能够进行有效交流,达成刑事和解,则双方矛盾较易化解,也能有效保障单位被害人权益。

第四,单位被害人的利益容易被忽视。在有自然人被害人的案件中,通常侵犯的法益是自然人被害人个人的权利,检察机关提起公诉时会充分听取其及其近亲属的意见。而在有单位被害人的案件中,往往侵犯的是双重法益,如破坏社会主义市场经济的犯罪中,被告人的犯罪行为不仅侵害了单位的利益,而且扰乱了市场经济秩序。检察机关作为公共利益的代表者对被告人提起公诉,旨在恢复被破坏的社会秩序。但对于单位这一被侵害的对象而言,其利益在具体个案当中容易被忽视,特别是在所有权和经营权相分离的企业治理模式下,单位被侵犯的利益就更容易忽略。

由以上论述可见,单位被害人作为法律拟制的"人",在受损利益范围、亲历诉讼及权利修复上不同于自然人被害人,其权益常常更容易被忽视从而被损害。随着经济社会的不断发展,侵害民营企业的案件呈多发趋势,国家对民营企业保护的要求不断提高。在此背景下,讨论检察机关如何有效保护单位被害人,更具有实践指导意义。所以,本文希望集中解决的问题是:针对认罪认罚从宽制度下单位被害人的特殊性,是否需要特别的

---

① 参见[英]詹姆斯·迪南:《解读被害人与恢复性司法》,刘仁文、林俊辉等译,中国人民公安大学出版社 2009 年版,第 203 页。

规范进行保护？如果需要，那么应该从哪些方面进行规定？

二、认罪认罚从宽制度下保障被害人的规定并不能有效适用于单位被害人

认罪认罚从宽制度在优化司法资源配置、有效对案件繁简分流方面，发挥着积极的作用。我国现有法律规定对保障被害人权益规定得较少，且多为原则性规定，如新修改的《刑事诉讼法》中规定了应当听取被害人及其诉讼代理人的意见。[①] 为了更好地保障被害人权益，最高人民法院、最高人民检察院、公安部、国家安全部、司法部联合发布的《关于适用认罪认罚从宽制度的指导意见》（以下简称《指导意见》）中有关于被害方权益保障的专门规定，[②]但由于单位被害人的特殊性，目前相关规定并不能很好地保障单位被害人权益。

（一）单位被害人的知情权保护缺乏明确的规定

认罪认罚从宽制度下有关被害人权益保障的规定是一脉相承的，如《最高人民法院、最高人民检察院、公安部、国家安全部、司法部关于在部分地区开展刑事案件认罪认罚从宽试点工作的办法》明确规定了应当听取被害人的意见，是否赔偿、是否达成和解协议是量刑重要考虑因素，[③]《指导意见》规定的内容与此基本一致。

如果要听取被害人的意见，前提就是要充分保障被害人的知情权。在司法实践中，认罪认罚从宽制度下被害人的地位处于一个边缘位置，因此参与程度并不高，很多时候检察机关听取被害人意见也仅是进行简单询问，例行公事。

对于单位被害人而言，检察机关要听取单位被害人的意见，并非可以通过直接联系当事人就能够立刻获得，因为其与自然人被害人并不一样，是法律拟制的人，因此单位被害人恢复受损利益的关键是要及时了解案件的进展程度，然后在其内部通过一定的程序集体决策，才能有效发表自己的意见。

然而，由于现在的法律并未明确规定如果未告知或者未及时告知单位被害人会有什么样的不利后果，这种规定在某种意义上相当于宣言性质的口号式权利，因为缺乏相应的惩戒措施，那么单位被害人的知情权就缺乏了有力保障。设立认罪认罚从宽制度的初衷就是为了加快大多数案件的节奏，那么在有单位被害人的案件中，就很可能出现两种情况：一是来不及告知单位被害人认罪认罚从宽的相关情况；二是即使告知了单位被害人，也仅是在起诉前简单告知，没有给单位被害人足够的时间，进行内部协商等，这就使单位被害人的程序参与权在大多数情况下成为一种“无效参与”。

---

① 参见《刑事诉讼法》第173条。

② 参见《最高人民法院、最高人民检察院、公安部、国家安全部、司法部关于适用认罪认罚从宽制度的指导意见》第16～18条。

③ 参见《最高人民法院、最高人民检察院、公安部、国家安全部、司法部关于在部分地区开展刑事案件认罪认罚从宽制度试点工作的办法》第7条。

(二)相关规定不能很好体现单位被害人赔偿与量刑之间关系的特殊性

刑事和解作为《刑事诉讼法》过程中传统的一项措施,明确了被告人可以获得从宽处罚的"红利"。《刑事诉讼法》正式确定认罪认罚从宽制度时并未明确被害人获得赔偿与被告人从宽之间的关系,后《指导意见》对此予以明确,强调了被告人赔偿被害人的损失、并取得谅解,是从宽处罚的重要考虑因素。[①]

对于单位被害人而言,被侵犯的是财产权益和其他权益,较自然人被害人更容易修复。那么在刑事和解过程中,很可能提出的是一种经济赔偿。《指导意见》明确规定,如果被害方赔偿请求明显不合理,未达成协议的,一般不影响对被告人的从宽处理。[②] 单位被害人受损的主要就是财产权,如果双方未达成和解协议,都不影响被告人量刑,那么单位被害人难以有效弥补自己的损失。

与此同时,由于各被告人情况不一,单位被害人要求赔偿各不相同,实践中会出现仅赔偿部分的情况,法律并未明确被告人仅赔偿部分的情形是否可以从宽。既然单位被害人的损失主要是财产方面,那么被告人赔偿了部分损失却得不到任何从宽处罚的话,这样就会挫伤被告人赔偿的积极性。如果赔偿了单位被害人部分损失也可以对被告人从宽,那么被告人对单位被害人的赔偿需要达到多少比例才可以从宽,具体的从宽幅度又应如何来确定。

(三)有关单位被害人发表意见的具体效力并无明确的规定

相关法律规定明确了应当听取被害人的意见,但是这些规定均未明确检察机关听取被害人意见后是否应当采纳被害人意见。《指导意见》进一步明确了被害人异议的处理意见,即被害人对是否适用认罪认罚从宽程序不具有决定权,且被害人的量刑意见不会对控辩双方达成的量刑建议产生实质影响。被害人权利在认罪认罚从宽制度下"遇冷"的关键在于控辩双方担心过分强调被害人的权利,很可能会影响该制度的适用率,从而使该制度变成"空中楼阁"。

但是,这样的规定适用于单位被害人的案件可能会不利于单位被害人权益的保护。因为根据《指导意见》规定,如果被告人没有赔偿,未达成和解协议的,检察机关也是从宽时应当予以酌减。这就意味着,检察机关听取单位被害人的意见。如果被告人未赔偿,也仅是从宽幅度稍受影响。如果单位被害人意见与检察机关量刑建议相左时,可不采纳被害人意见。而单位被害人主要损失的是财产方面的利益,如果都未赔偿,仅是酌情影响从宽幅度,那么单位被害人有无其他救济途径?对于《指导意见》规定的被害人赔偿请求"明显不合理"的标准并未明确,应当怎么判断这个程度,退一步说,单位被害人的意见

---

① 参见《最高人民法院、最高人民检察院、公安部、国家安全部、司法部关于适用认罪认罚从宽制度的指导意见》第 16 条。

② 参见《最高人民法院、最高人民检察院、公安部、国家安全部、司法部关于适用认罪认罚从宽制度的指导意见》第 18 条。

部分合理,检察机关又应如何采纳?采纳的标准又是什么?相关规定均未予以明确。

三、认罪认罚从宽制度中单位被害人权益保障机制的具体构建

鉴于单位被害人与自然被害人有着本质的区别,单纯依赖现有规定无法在认罪认罚从宽案件中有效保障单位被害人的切身利益。因此本文认为有必要结合单位被害人的特点,建立有针对性的权益保障机制。即在认罪认罚从宽制度下检察机关要充分保障单位被害人的知情权、谅解权和量刑意见权。

(一)知情权

知情权,是单位被害人权益的基础。每一个刑事诉讼节点被害人都应当拥有了解阶段进展及案件走向的知情权,[①]认罪认罚从宽制度也不例外。由于单位被害人利益较自然人被害人容易恢复,此类案件的最佳效果是实现"三赢",即单位被害人获得最大程度的赔偿、谅解了被告人,被告人可获得从宽处罚,司法机关提高了办案效率,而达到这个效果的前提就是保障单位被害人参与权。

如何有效保障单位被害人的知情权,并非简单规定检察机关应当听取单位被害人意见就足矣。如美国的辩诉交易中,部分州就是要求检察官必须向法庭提交与被害人协商的证明材料,这就会倒逼检察官在庭前要和被害人进行协商。[②] 正如关进笼子里的权力才有所限制,同样附加惩罚的义务才能履行到位,所以在单位被害人知情权保障上必须赋予惩罚机制,即如果未保障单位被害人的知情权,会产生什么样的不利后果。

之所以要如此重视单位被害人的知情权,是因为单位被害人作为被告人犯罪的直接侵害对象,在各个环节保障它的知情权极为必要。具体到认罪认罚从宽的案件中,本文建议,相关法律等规范性文件应当进一步保障检察机关告知单位被害人权利的及时性,即检察机关从认罪认罚从宽程序的启动、协商、适用、起诉等各个环节均应依法履行适用该程序的告知义务。并明确规定如果未保障单位被害人的知情权,可能影响公正审判的,不得适用认罪认罚程序审理该案。但是,不能因此由被告人承担程序变更的不利后果。检察机关认为需要重新适用认罪认罚程序的,应当在充分保障单位被害人的知情权,取得被害单位同意后,重新建议适用认罪认罚从宽程序。

(二)谅解权

谅解权,是单位被害人权益的核心。由于单位被害人受损的经济利益和其他利益均可通过一定手段恢复,最关键的环节就是认罪认罚从宽程序的协商环节。

三方协商环节的本质是提供了一个单位被害人、被告人一方(被告人本人、辩护人)、检察机关三方会见、谈话等相互交流的平台。一方面,被害人可以直接向检察机关和被

---

① 参见石时态、张坤世:《刑事被害人权利保护机制之反思与完善》,载《中国刑事法杂志》2010 年第 12 期。

② 参见卢莹:《美国辩诉交易制度中被害人占有一席之地》,载《检察日报》2018 年 7 月 24 日。

告人表达自己的观点和诉求;另一方面,被告人也获得了一个机会,面对被害人并直接承认其行为造成的后果,让被害人了解被告人悔罪的态度、犯罪的原因,以及再犯的可能性,并就经济补偿方面达成共识。①

现有规定明确了被告人赔偿被害人损失是判断其认罚的一个重要因素,并明确了确无能力赔偿的被告人,仍可认定为“认罪认罚”,并作从宽处理。由于单位被害人受损的是财产或者其他权益,赔偿与否是单位被害人谅解的关键要素,是修复受被告人犯罪行为损害的社会关系的关键。单位被害人的谅解与否,应当直接决定能否对此类案件被告人是否从宽处罚。具体而言,如果被告人具有赔偿能力,却拒绝赔偿单位被害人的合理赔偿要求,从宽幅度应极小,甚至不应从宽。倘若没有赔偿能力,主观上具有赔偿的想法,可以进行一定幅度的从宽,但是比例也不宜过高。

(三)量刑意见权

量刑意见权,是单位被害人权益的保障。有观点认为,单位被害人的量刑意见应当遵循量刑的一般规则,根据被告人的各种法定、酌定情节综合提出一个合理的意见,否则不予采纳。但这种要求对于被害人而言未免过于苛刻。因为他们不是从事法律的专业人员,没有办法作出如此客观公正的计算,与此同时,量刑意见是被害人的一种权利,其可以用来表明态度,不应人为地限制条件。故有观点认为,被害人的量刑建议是与检察机关的量刑建议不同的独立量刑建议,是属于公诉案件公诉求刑权与自诉案件自诉人求刑权之间的一种辅助求刑权,②笔者认为,此观点可适用于单位被害人的案件,因为只有单位被害人可以行使有影响力的量刑意见权,才能有效保障其合法权益。

由此可见,在认罪认罚从宽的案件中,我们要赋予单位被害人量刑意见,且该意见在一定程度上能够直接影响检察机关的量刑建议;但同时也要防止单位被害人借机“漫天要价”,所以在设置权益时应当适当限制。③

在审查起诉阶段,检察机关首先应当充分听取单位被害人对被告人的量刑诉求,究竟是从重?还是从轻?检察机关出具量刑建议时,一方面要考虑被告人认罪时间早晚、认罪内容多少、认罪态度情况,来确定量刑的从宽幅度;④另一方面要吸收协商环节被告人赔偿情况、单位被害人谅解情况。涉及单位被害人的案件,检察机关的量刑建议一般为幅度刑较为适宜。单位被害人可以根据自己掌握的情况对案件、被告人的定罪量刑发表意见,特别是不同意检察机关的量刑建议的情况下,可以充分阐述不同意的理由,检察机关应当充分听取单位被害人的量刑意见,如果单位被害人明确表示不同意检察机关的量刑建议并经检察机关审查认为不恰当时,检察机关在量刑建议书中应予以注明,并在

① 参见吴四江:《“锥形结构”:被害人之当事人地位的实现模式》,载《政治与法律》2012 年第 10 期。

② 参见韩轶:《论被害人量刑建议权的实现》,载《法学评论》2017 年第 1 期。

③ 参见蓝向东、王然:《认罪认罚从宽制度中权利保障机制的构建》,载《人民检察》2018 年第 3 期。

④ 参见樊崇义、徐歌旋:《认罪认罚从宽制度与辩诉交易制度的异同及其启示》,载《中州学刊》2017 年第 3 期。

提起公诉时随卷移送法院，以供法院量刑参考。

在庭审阶段，如果被告人对单位被害人进行了经济赔偿，检察机关可以适当地变更量刑建议。如果单位被害人意见未被检察机关采纳，检察机关可以建议法庭当庭听取单位被害人的意见。对此，法院也需要一方面充分重视被害人的量刑意见，另一方面也不能因被害人过激的要求而加重对被告人的从重处罚，所以法院应对被害人和被告人的量刑意见一视同仁，并且寻求一定的平衡性。①

四、结语

公诉权的理论基础，是犯罪行为再侵犯被害人个人利益的同时，也侵害了公共利益。检察机关作为公共利益的代表行使控诉权，但是检察机关行使公诉权，同时代表被害人利益，并不能完全满足被害人诉求。认罪认罚从宽制度施行以来，有效地对案件进行繁简分流，提高了司法效率，在一定程度上缓解了法检的办案压力，但与此同时，由于认罪认罚从宽制度更多的是强调控辩双方之间的“博弈”，对被害人的关注度较低。

单位被害人作为被害人中的一种特殊类型，与自然人被害人有着较大的差异，其被侵犯的往往是财产利益或者其他利益，较生命、健康权更容易修复，如侵犯知识产权的刑事案件中，被告人直接侵犯的就是单位被害人的知识产权。因此，应当增加单位被害人参与认罪协商的相关规定，从而调动单位被害人的主动性和积极性，真正有效保障单位被害人权益。

最高人民检察院为了更好地贯彻中央关于保护民营企业合法权益，明确要求应当通过发挥检察职能，着力为民营经济发展贡献检察力量。如最高人民检察院于2020年4月25日发布的一批保护知识产权典型案例，就充分彰显了检察机关充分履职，努力为保护单位被害人的知识产权提供检察方案和检察智慧。在有单位被害人的案件中，检察机关应该加强对单位被害人的保护力度，充分保障单位被害人的知情权、谅解权和量刑意见权，让单位被害人能够充分感受检察机关保障企业发展的积极作为。

---

① 参见冯卫国、张向东：《被害人参与量刑程序：现状、困境与展望》，载《法律科学》2013年第4期。

故意杀人案件检察环节认罪认罚从宽制度的适用

任进强　卞海龙[*]

摘要:从《刑事诉讼法》第15条的规定来看,只要是自愿如实供述自己罪行、对指控的犯罪事实没有异议、愿意接受处罚的,故意杀人这样的重罪也可以适用认罪认罚程序。但由于此类案件量刑情节较为复杂、和解情况不确定及社会舆论掣肘等原因,在杀人案件的检察环节启动认罪认罚程序存在一定的阻碍。结合故意杀人的案件特性,可以探索一条符合故意杀人罪办案规律的适用路径,如视罪行轻重制定差异化的适用规则,将谅解程序作为适用认罪认罚的前置条件,赋予赔偿谅解在检察环节独立的价值等。

关键词:检察环节　故意杀人　认罪认罚从宽

从检察办案实践来看,认罪认罚从宽制度适用案件范围主要为轻刑、普通案件,对于涉及重罪,尤其是故意杀人案件中适用认罪认罚从宽制度的比例有限。故意杀人案件作为典型的重罪案件,与轻罪案件在人身危险性、社会影响力、指控难易程度、量刑建议精准度、庭审实质化要求等方面存在一定的区别。因此,有必要专门进行分析研讨,为有效、准确地适用认罪认罚从宽制度进行有益探索。

一、故意杀人案件中适用认罪认罚制度的可行性分析

(一)认罪认罚具有实体和程序上的双重价值

认罪认罚从宽制度不仅是一项独立的法律制度,同时兼具了实体和程序上的双重价值。"它既是刑事司法的一项原则,又是一项重要的刑事制度;既是实体制度,又是程序制度,是集实体规范与程序规则于一体的综合性法律制度。"[①]一方面,认罪认罚在量刑方面具有独立的地位,它不仅与自首、坦白等并列为法定的从宽情节,还有主动优于被动、

---

* 任进强,江苏省连云港市人民检察院第二检察部主任;卞海龙,江苏省连云港市人民检察院检察官助理。

① 苗生明:《认罪认罚从宽制度适用的基本问题》,载《中国刑事法杂志》2019年第6期。

早认优于晚认、彻底与否、稳定与否等细化的评价标准。2019 年 10 月《最高人民法院、最高人民检察院、公安部、国家安全部、司法部关于适用认罪认罚从宽制度的指导意见》(以下简称《指导意见》)第 9 条对认罪认罚与坦白的从宽幅度区分了多种情形,也明确了认罪认罚与自首、坦白不重复评价的规定。另一方面,认罪认罚制度的程序法价值同样不能忽视,它可以适用于速裁程序、简易程序、普通程序,在多层次的诉讼体系中均有所体现。除了表现为程序上从简,更为重要的是“从宽”也体现在强制措施的适用方面,犯罪嫌疑人、被告人是否认罪认罚被作为社会危险性评估的重要考虑因素,直接影响到强制措施的适用。

因此,认罪认罚从宽制度有实体法和程序法上的双重价值,在讨论制度适用问题时,不仅要着重于“是否从宽”“从宽幅度”等实体问题,也要杜绝“重实体、轻程序”的观念,忽视其程序法的价值。

(二)故意杀人罪理论上也可以适用认罪认罚

对于认罪认罚从宽制度的适用范围,从《最高人民法院、最高人民检察院、公安部、国家安全部、司法部关于在部分地区开展刑事案件认罪认罚从宽制度试点工作的办法》开始,到新修订的《刑事诉讼法》正式出台,都未对认罪认罚从宽制度适用的案件类型进行限制。《指导意见》第 5 条更是明确规定“没有适用罪名和可能判处刑罚的限定,所有刑事案件都可以适用”。这一以贯之的适用范围是有其理论基础的,具体来说至少有以下三点理由:

一是贯彻宽严相济刑事政策的要求。作为党和国家的一项重要的刑事政策,“宽严相济,区别对待”“坦白从宽,抗拒从严”“该宽则宽、当严则严”,适用于一切刑事案件,按照法律面前人人平等的原则,它适用于一切犯罪嫌疑人和被告人,也适用于刑事诉讼的各个阶段。

二是诉讼程序多元化改革的要求。“诉讼程序多元化是我国诉讼制度发展到一定阶段的必然要求。认罪认罚从宽不仅仅是一种刑事政策,更应被理解为一种司法模式,以认罪认罚为触发点,形成对抗与合作二元并行的程序模式。”[①]以是否认罪认罚为分界线,对案件作不同的程序对待,只有那一部分不认罪的、有争议的案件才应进入激烈对抗的庭审模式。

三是保障被告人诉讼权利的要求。与“公正”一样,司法效率在人权司法保障上也是重要体现。特别是在社会影响大的故意杀人案件中,更应当在公正和效率间寻求合适的平衡,不仅要从实体上防范冤假错案,也要从效率上实现人权的保障。

(三)部分故意杀人案件即使认罪认罚也不宜适用

如上所述,尽管有较为深厚的理论基础,又有法律和司法解释的明确规定,在故意杀

---

① 北京市第三中级人民法院课题组:《中级法院适用认罪认罚从宽制度程序问题调研报告》,载 http://bj3zy.chinacourt.gov.cn,最后访问日期:2020 年 2 月 26 日。

人案件中应否启动认罪认罚程序仍然成为检察实务中争论较大的一个问题。对此,存在三种不同的观点:第一种"无差别适用说"认为,所有刑事案件都可以适用。第二种"限定适用说"认为,认罪认罚从宽制度的范围应限制在基层院管辖的案件。对于一审管辖的涉恐、国家安全以及可能判处无期徒刑、死刑的案件,由于其敏感、复杂、社会影响大的特征而不能适用。第三种"排除例外说"则认为,原则上所有案件都适用,只是存在少数例外情形,如"罪行极为严重,没有从宽余地"的案件。

笔者认为,前两种观点明显存在范围过于宽泛或过于限缩的问题,而第三种观点所列的情形则主要是从"量刑应否从宽"的角度来排除少数案件的适用,没有充分考虑故意杀人案件量刑的复杂性、和解的不确定性、社会舆论影响等多种因素。"部分故意杀人案件即使认罪认罚也不宜适用"的观点无疑是合理的,但"不宜适用"的范围仍需要结合检察办案实践予以细分。

二、故意杀人案件中认罪认罚制度的适用困境

北京市第三中级人民法院在试点期间,适用认罪认罚制度审理的一审案件仅占全部一审刑事案件的 8.7%。[①] 如果考虑没有被害人的重大毒品案件、重大职务犯罪案件更容易启动认罪认罚程序,单论故意杀人罪的话,这一比例还会更低。2019 年,江苏省审结的所有刑事案件认罪认罚适用率为 69.4%。其中,故意杀人罪共审结 407 件、适用认罪认罚的仅有 87 件,适用率为 21.5%,较整体适用率低了 47.9 个百分点。[②] 应当说,各地检察机关对于故意杀人案件中适用认罪认罚从宽制度均采取了相对审慎保守的态度,低适用率折射出"用不好""不确定""不敢用""不愿用"的现实困境。

(一)故意杀人案件量刑标准多元、复杂

故意杀人罪作为最为经典的自然刑罪名,不同于财产性犯罪和经济型犯罪,甚至与同为易判处死刑的毒品犯罪相比,影响量刑的情节较多,且相对较为抽象,造成了难以量化把握的情况。

首先,《刑法》第 232 条中故意杀人罪量刑从有期徒刑 3 年直至死刑,跨越了多个量刑格次。对于 10 年以上有期徒刑、无期徒刑、死刑三者如何取舍适用,法律和司法解释并没有规定一个明确的、可供执行的标准。特别是适用死刑规定本身是非常抽象和原则性的,依靠的是司法实践和理论总结,发展出较为具体的地区性司法惯例。

其次,故意杀人案件中除了"自首、坦白、立功"等常见情节,还有在故意杀人案件中相对多发的情节,如"激情杀人""手段特别残忍""精神病""被害人过错""被害人谅解"

---

① 北京市第三中级人民法院课题组:《中级法院适用认罪认罚从宽制度程序问题调研报告》,载 http://bj3zy.chinacourt.gov.cn,最后访问日期:2020 年 2 月 26 日。

② 数据采集自全国检察机关统一业务应用系统。

"婚姻家庭或民间纠纷引发"等。其中部分量刑情节在法律和司法解释中并没有明确规定,只是得到裁判经验和理论承认的司法惯例,适用标准较为抽象。

最后,重大案件中仅有"认罪认罚"情节是否足以减轻处罚难以把控。有论者认为:"只要不是必须判处死刑立即执行的案件,就可以根据被告人的情节在死刑缓期两年执行、终身监禁和一般的无期徒刑之间进行从宽处理。"①这种观点只是单纯地从刑期的差异出发,认为法律规定了多个量刑格次为故意杀人案件提供了实体上从宽的空间。但没有对从宽的合理性和科学性考量。这一点在有期徒刑中较容易把控的,如从2年6个月减到2年、从15年减到14年。但反观故意杀人罪中,从死刑、死缓到无期徒刑、有期徒刑,基本上只要从宽就是降格到下一个量刑格次。在一个案件中,本应判处死缓的被告人,能否仅因其认罪认罚就判处无期徒刑呢?从实践经验来看,往往"被害人过错""被害人方谅解"等情节才是推动降格次量刑的主要原因。因此,故意杀人罪跨越多个量刑格次的立法现状,反而在某种程度上制约了"从宽"的适用。

(二)和解的不确定性制约量刑建议的精准提出

《指导意见》第33条规定:"办理认罪认罚案件,人民检察院一般应当提出确定刑量刑建议。对新类型、不常见犯罪案件,量刑情节复杂的重罪案件等,也可以提出幅度刑量刑建议。"有学者进而认为:"认罪认罚从宽制度在本质上是认罪协商。如果检察官只给出一个幅度量刑建议,那无异于将被告人的命运置于不确定之中。被告人在这种不确定中无法进行真正而有效的协商,从而导致量刑协商流于形式,进而会影响认罪认罚从宽制度立法初衷的实现。"②

笔者十分赞同上述"量刑建议必须精确"的观点。在故意杀人罪中,"手段是否特别残忍""是否婚姻家庭或民间纠纷引发"等情节是起诉时相对容易认定的。与之相反,"被害人方谅解"情节却具有高度的不确定性。被告人与被害人方的和解谈判可能出现在侦查、审查起诉、审判,甚至是二审阶段。在笔者辅助办理的王某某故意杀人案中,因为情节并非特别严重、被害人存在过错等原因,检察机关量刑建议为无期徒刑,原本有适用认罪认罚的条件。但由于双方进行了多轮赔偿协商都未能达成一致,因此没有在检察环节启动认罪认罚程序。后双方在一审庭审前几天达成了赔偿谅解协议,最终一审法院判处王某某有期徒刑15年。在此类案件中,检察机关若在能否达成赔偿谅解协议不明确的情况下就启动认罪认罚程序,显然是很难提出精准的量刑建议并与被告人方达成一致的。

(三)重大影响力案件中社会舆论的掣肘

在司法实践中,部分故意杀人案件通常涉及尖锐复杂的民间矛盾,也往往反映出社

① 刘瑶:《重大刑事案件中认罪认罚从宽制度的适用与完善》,载《福建行政学院学报》2019年第1期。

② 李勇:《量刑建议"精准化"的原理与路径》,载《检察日报》2019年9月17日。

会治理和发展中存在的问题，如“刺死辱母案”“贾敬龙故意杀人案”，就分别因民间高利贷和农村征地拆迁引发。这类案件因为牵涉话题关注度高，极易借助网络发酵而产生十分重大的社会影响力。如果说以“刺死辱母案”为代表的案件中适用认罪认罚从宽制度尚能得到舆论的支持，但是在“幼儿园砍杀”等案件中能否适用认罪认罚制度，司法工作人员就不得不仔细斟酌了。

在恶性杀人案件中，报复性司法理念的影响不可忽视，强调从严从重打击严重刑事犯罪，实行有罪必诉、有罪必判、判必严判，《指导意见》第 8 条也明确规定“可以从宽不是一律从宽”。正因如此，即使部分故意杀人案件尚未达到“后果特别严重”的程度，不属于第一章中提及的“没有从宽余地”的情形，然而，由于受到社会舆论的影响，司法办案机关陷入了“不敢用”“可用可不用就不用”的困难境地。

（四）程序上的简化、便利有限

在级别管辖的大框架下，故意杀人案件大部分由市级检察院提起公诉，被告人在中级人民法院被判处 10 年以下有期徒刑的情况多有发生。根据《刑事诉讼法》的规定，中级人民法院审理的案件是不能适用简易程序和速裁程序的。虽然《指导意见》第 47 条明确规定也可以适用普通程序办理认罪认罚案件，但普通程序的从简不能突破法庭调查、法庭辩论、最后陈述的程序设置。因此，在部分案件中即便适用了认罪认罚程序，不仅在检察环节增加了新的工作内容，在庭审中依然要逐人讯问询问、逐项举证质证、充分进行法庭辩论，程序的简化十分有限。程序未能“简”，效率未必“高”，司法人员“不愿用”，导致部分故意杀人案件中认罪认罚的程序法价值没有实现的土壤。

三、故意杀人案件认罪认罚程序适用探索

诚然，在法学理论和司法解释规定的层面上，判断案件的繁简均不以案由（侵害的法益）和可能判处的刑罚轻重为标准，应主要以被告人是否认罪作为标准，并综合考虑案件是否为新类型、案件的社会影响两个要素。其中，“重大、复杂”指的是案件的社会影响重大或是案件牵涉的社会关系复杂，故意杀人罪极易被归入此列。《指导意见》第 1 条也规定：“对严重危害国家安全、公共安全犯罪，严重暴力犯罪，以及社会普遍关注的重大敏感案件，应当慎重把握从宽，避免案件处理明显违背人民群众的公平正义观念。”一方面影响因素较多，另一方面如前文所述，故意杀人罪有横跨多个量刑格次和相对独特的量刑情节，因此，笔者认为，有必要为故意杀人罪探索出一条适用认罪认罚从宽制度的专有路径。

（一）从罪行轻重角度拟定适用范围

1. 罪行极为严重的原则上不适用

此类案件中犯罪嫌疑人、被告人虽然认罪认罚，但由于情节十分恶劣、后果非常严重、手段特别残忍等原因没有从宽余地。如若继续适用认罪认罚，固然能简化一部分庭

审程序,部分实现认罪认罚制度的程序性价值。但同时,一方面,量刑并不能从宽,实体法上的价值无从实现;另一方面,由于案件社会影响力巨大,在不能给予被告人量刑酌减的情况下,仅给予表面的"从宽",并无太大的实际意义,反而会侵犯人民群众的公平正义理念,起到负面效果。

2. 罪行相对较轻、建议判处有期徒刑的均适用

相对于罪行极为严重的犯罪嫌疑人、被告人,部分行为人因被害人存在过错、激情杀人、义愤杀人等原因,其本身可谴责性和社会危险性均相对较低,刑责也相应较轻。故在司法实践中,虽然这一类行为人造成了被害人死亡的后果,但综合案件情节,检察机关在提出量刑建议和审判机关判处刑罚时通常为有期徒刑。因此,对于这一类案件,只要不存在"暗中串供、干扰证人作证、毁灭、伪造证据或者隐匿、转移财产,有赔偿能力而不赔偿损失"等司法解释列明的情形,原则上均应当适用认罪认罚程序。

3. 建议判处无期徒刑以上刑罚、有重大社会影响力的案件谨慎适用

在前述两类案件中即便起诉后出现了新的量刑情节,最终裁量也不会变化太大。与这两类相反,司法实践中还有部分案件由于处于罪行极为严重和罪行较轻案件之间,案件量刑的裁量空间较大,刑期相对难以确定。笔者认为,在这类案件中如果所有量刑情节已基本核实、查清,应当适用认罪认罚。反之则需谨慎适用,盲目适用会影响认罪认罚核心价值的实现。同时,由于认罪认罚与自首、坦白等情节相互独立、排斥适用的原理,即便不适用认罪认罚程序,也可以在量刑时充分考量其他情节,予以从宽,保障犯罪嫌疑人、被告人的权利。

(二)将"被害人方谅解"作为启动程序的前置条件

检察环节的"认罚"要求认可检察机关的量刑建议,"被害人方是否谅解"是一个不确定但又十分重要的情节。一方面,在故意杀人案件中,是否尽力取得被害人方谅解本身就是犯罪嫌疑人、被告人悔罪态度的重要表现;另一方面,正如前文所述,如果赔偿谅解问题未予解决,对被告人的量刑将处于严重的不确定之中,甚至是直接影响到量刑格次的升降。笔者认为,"赔偿谅解问题是否有定论"应成为检察机关启动认罪认罚程序的前置条件。这样才能排除提出精准量刑建议的障碍,真正实现认罪认罚从宽制度的价值。

在具体操作层面上,由于故意杀人案件通常会导致较为严重的伤亡后果,所需赔偿的数额较大,部分案件难以达成谅解协议,在检察环节应当予以区别对待:第一种情形,有能力赔偿而拒不赔偿的,排除适用。第二种情形,犯罪嫌疑人、被告人自愿认罪并且愿意积极赔偿合理的损失,但由于被害人"漫天要价"、赔偿请求明显不合理,未能达成调解或和解协议的,一般不影响对犯罪嫌疑人、被告人从宽处理。第三种情形,犯罪嫌疑人、被告人自愿认罪愿意赔偿但能力有限的,可以由侦查机关进行调查,必要时检察机关也可以自行搜集相关证据,如果确属因被告人方赔偿能力有限而无法达到对方合理要求的,原则上也适用认罪认罚程序,但从轻的幅度应当与达成和解协议的有所区分。

(三)赋予赔偿谅解在检察环节独立的价值

除了上述三种情形外,实践中还存在犯罪嫌疑人、被告人有能力赔偿,也有赔偿的意愿,但怠于履行的情况。故意杀人案件的被告人方认为在检察环节赔偿和在审判阶段赔偿的刑罚评价是大致相同的,因此,出于协商策略等原因往往不愿意在检察环节就充分赔偿。

在这个问题上,一方面,《指导意见》第 9 条明确规定了"在刑罚评价上,主动认罪优于被动认罪,早认罪优于晚认罪,彻底认罪优于不彻底认罪,稳定认罪优于不稳定认罪"。另一方面,被告人方拖延赔偿也给检察环节提出相对精准的量刑建议造成了阻碍。如果说侦查阶段认罪认罚后的从宽主要体现在程序方面,如变更强制措施等,那么量刑上从宽的后果一般体现在起诉和审判环节。笔者认为,在故意杀人罪适用认罪认罚程序时,必须明确赋予那些在检察环节达成赔偿谅解协议的犯罪嫌疑人、被告人更为积极的刑法评价,更好地解决办案实践的困扰,确保制度有效、准确地适用。

认罪认罚从宽制度框架下附条件不起诉的反思与扩大适用

叶晓晓*

摘要：附条件不起诉制度体现了宽严相济的司法政策，符合诉讼经济、恢复性司法等诉讼理念，为刑事审前分流提供了制度路径，但司法实践中持续低迷的适用率也反映出其适用范围狭窄、程序运行成本过高等设计短板。2018年《刑事诉讼法》修改确立了认罪认罚从宽制度，为附条件不起诉的扩大适用提供了更大的制度空间。探索认罪认罚制度下附条件不起诉的扩大适用及有效制约，进一步完善我国的刑事诉讼体系是结合刑法理论与司法实践的理性审视与选择。

关键词：认罪认罚从宽制度　附条件不起诉　不起诉裁量权　扩大适用

认罪认罚从宽制度体现了宽严相济的刑事政策、协商性司法、恢复性司法、程序分流等司法理念，强调犯罪嫌疑人、被告人的社会复归及被害人权益保障，是多种先进司法理念的结合。认罪认罚从宽制度适用于刑事诉讼的所有阶段，但目前审查起诉程序中认罪认罚从宽的制度价值尚未充分发挥，在认罪认罚从宽理念指导下探索附条件不起诉的扩大适用，将两者有机结合叠加使用，科学行使不起诉裁量权，将更好地实现审前把关和分流的功效。

一、附条件不起诉：认罪认罚从宽制度的应有之义

（一）实体内涵

附条件不起诉是认罪认罚从宽制度下不起诉裁量权激活的体现。传统刑事法律思想认为，公诉权是国家赋予检察机关代表国家对犯罪主动进行追诉并要求启动刑事审判

---

* 叶晓晓，江苏省无锡市人民检察院检察官助理。

程序对犯罪行为进行审判和裁处的一种刑罚请求权。其本质上是一种请求权，不具有实体判定的权能。[①] 受请求主体即法院才能对诉请的事实、证据、刑事责任及刑罚等进行实体判定和处置。认罪认罚从宽制度拓宽了起诉裁量权的范围和行使方式，起诉裁量权的核心是不起诉自由裁量权，是"消极公诉权"的体现。实际上，不起诉权是公诉权的重要组成部分，与起诉权一起构成公诉权的一体两面，两者相互独立、相互依存，否定"消极公诉权"，公诉权对一个案件客观审查、判断的目的将不能实现。当不起诉运用时，公诉机关实质是起着一种"司法"的作用，即适用法律对案件进行判定和处置。[②] 有学者认为，这客观上对法院审判权造成一定的冲击，甚至是"审判权的部分让渡"。笔者认为，刑事诉讼推进的过程正是一个对案件事实和证据不断进行确认、筛选或者否定、排除的过程，这类似"漏斗形"的诉讼演进正是各司法机关依法履职的体现，而非对最终审判权的侵蚀。不起诉权之所以被视为对审判权的分割，是因为受长期片面追求打击犯罪思想的统摄，检察机关客观忠实审查案件的义务异化为追诉犯罪的职能，不起诉权备受压制而长期"沉睡"。认罪认罚从宽制度从立法及实践推动的层面全面激活了不起诉权的觉醒及运用。

附条件不起诉为认罪认罚从宽制度拓宽了从宽处理的路径。认罪认罚从宽制度中的"认罪"，学界已有普遍共识，然而，对"认罚"的理解还存在是接受刑罚处罚还是应作广义理解的分歧意见。笔者认为，"认罚"的着眼点是犯罪嫌疑人、被告人的悔罪态度和悔罪表现，应对"认罚"作广义的理解。从刑事案件推进的流程来说，在侦查阶段，犯罪嫌疑人主要是对侦查机关认定的犯罪事实表示承认，至于如何处罚并无具体明晰的内容。在审查起诉阶段，检察机关会出具量刑建议及认罪认罚具结书，此时，"认罚"则直接指向量刑建议。根据《人民检察院刑事诉讼规则》第 373 条的规定，"人民检察院决定不起诉的案件，可以根据案件的不同情况，对被不起诉人予以训诫或者责令具结悔过、赔礼道歉、赔偿损失"。可知训诫、具结悔过、赔偿损失等"起诉替代措施"也是检察机关结合具体案情对犯罪嫌疑人作出的惩罚性措施，应当作为"认罚"的对象。同理，附条件不起诉中的"条件"也应当纳入"认罚"的范畴。如此，附条件不起诉便与认罪认罚从宽制度顺畅衔接，为认罪前提下的从宽处理拓宽了路径选择。

（二）程序内涵

面对犯罪数量较之以往大幅增加和司法资源稀缺之间的矛盾，如何合理分配司法资源，降低诉讼成本，缩短诉讼进程，减少案件拖延和积压现象，成为各国必须解决的课题。将犯罪情节轻微、社会危害性较小、无必要动用刑罚惩处并能够达成社会关系及公共利益有效修复的案件通过特定程序进行审前分流是主要法治国家普遍认可和采用的方法。

---

① 参见龙宗智：《刑事公诉权与条件说》，载《人民检察》1999 年第 3 期。

② 参见龙宗智：《刑事公诉权与条件说》，载《人民检察》1999 年第 3 期。

认罪认罚从宽制度设计的初衷便是对部分符合条件的案件作简化处理。认罪认罚从宽制度中的“从宽”，应该在实体和程序两方面得以体现，包含刑事实体法上的从宽处罚和诉讼程序上的从简处理。认罪认罚案件的程序分流应当包括两个层面的分流：一是诉与不诉的案件分流，即是否将案件交付审判的起诉分流。二是审判程序的繁简分流。① 附条件不起诉将一部分符合条件的轻微刑事案件排除出向法院提起诉讼的范围并作出终局性的处理决定，正是认罪认罚审前分流价值的积极体现。

认罪认罚从宽制度在程序上为附条件不起诉供给了制度空间。《刑事诉讼法》第 182 条规定，“犯罪嫌疑人自愿如实供述涉嫌犯罪的事实，有重大立功或者案件涉及国家重大利益的，经最高人民检察院核准，公安机关可以撤销案件，人民检察院可以作出不起诉决定，也可以对涉嫌数罪中的一项或者多项不起诉”。这被称作“特殊不起诉”。犯罪嫌疑人自愿认罪并符合相关条件的，案件在公安侦查阶段的可以作撤案处理，在检察机关审查起诉阶段的可以作不起诉处理，甚至可以选择性地对一项或多项不起诉。这被视为确立了认罪认罚从宽案件中的特别不起诉制度，是认罪认罚从宽制度为不起诉搭建制度空间的范例。附条件不起诉同样以犯罪嫌疑人悔罪为前提，在认罪认罚制度下将刑罚代之以考察帮教等替代性措施，更好地实现了刑罚预防、诉讼资源节约及社会关系修复的目的。

（三）价值内涵

附条件不起诉是认罪认罚从宽制度的有机组成，两者在价值理念上高度契合。认罪认罚从宽制度是我国宽严相济刑事政策的直接产物。制度设计初衷是为了进一步落实宽严相济刑事政策中宽缓化一面，一方面是为了弥补刑事立法“严有余而宽不足”的制度缺陷，另一方面也是为了助力宽严相济刑事政策推行过程中司法从宽的制度实践，并满足实践中进一步从宽的制度需求。② 认罪认罚从宽制度在我国法律制度中早已有之，2014 年《中共中央关于全面推进依法治国若干重大问题的决定》中明确提出了“完善刑事诉讼中认罪认罚从宽制度”的改革任务，其需要去“完善”，而非“构建”。正如有论者所言，认罪认罚从宽制度是指在刑事诉讼中从实体上和程序上鼓励、引导、保障确有犯罪的犯罪嫌疑人、被告人自愿认罪认罚并予以从宽处理、处罚的由一系列具体法律制度、诉讼程序组成的法律制度的总称。③《刑法》中的自首、坦白、立功等法定、酌定从轻、减轻情节及《刑事诉讼法》中的刑事和解程序、简易程序等都可以视为已有认罪认罚从宽制度的具体体现。附条件不起诉正是认罪认罚从宽制度在检察机关审查起诉环节的制度安排。附条件不起诉从程序上使犯罪嫌疑人在审查起诉环节得到终局性处理，在实体上避免了

① 参见吴宏耀：《论认罪认罚从宽制度》，载《人民检察》2017 年第 5 期。

② 参见卢建平：《刑事政策视野中的认罪认罚从宽》，载《中外法学》2017 年第 4 期。

③ 参见顾永忠、肖沛权：《“完善认罪认罚从宽制度”的亲历观察与思考、建议》，载《法治研究》2017 年第 1 期。

犯罪嫌疑人进入审判阶段后被定罪处罚的处遇，体现了宽严相济刑事政策及诉讼经济的原则。同时，也给犯轻罪的未成年人一次改过自新的机会，避免了执行刑罚对其造成的不利影响，有利于使其接受教育，重新融入正常的社会生活。① 这与认罪认罚从宽制度本身所蕴含的宽严相济的司法政策、诉讼效率追求及刑法预防功能的凸显等价值理念高度契合。

二、当前我国附条件不起诉制度再审视

“宽严相济”“认罪认罚从宽”是当下尤其是本轮司法改革强调的重点及着力点。然而，从统计数据来看，附条件不起诉适用率持续低迷，不愿行使、行使不足的现象普遍存在，反映了制度效力发挥的阙如，应当引起我们的重视和反思。

以 J 省 W 市为例。2017 年，该市共审查起诉案件 8149 件，其中不起诉案件 123 件，附条件不起诉案件 18 件，占审查起诉案件总数的 0.2%，占不起诉案件总数的 14.6%。该市 8 个单位中，附条件不起诉案件有 6 个，2 个单位由于种种原因尚未实际运用该制度。2018 年，该市不起诉案件 277 件，附条件不起诉案件 26 件，占比为 9.3% 。截至 2019 年 8 月，该市不起诉案件共 190 件，其中附条件不起诉案件 14 件，占比为 7.3%。从数据来看，附条件不起诉案件在审查起诉环节运用非常少，且不起诉率呈逐年递减状态。（见图 1）

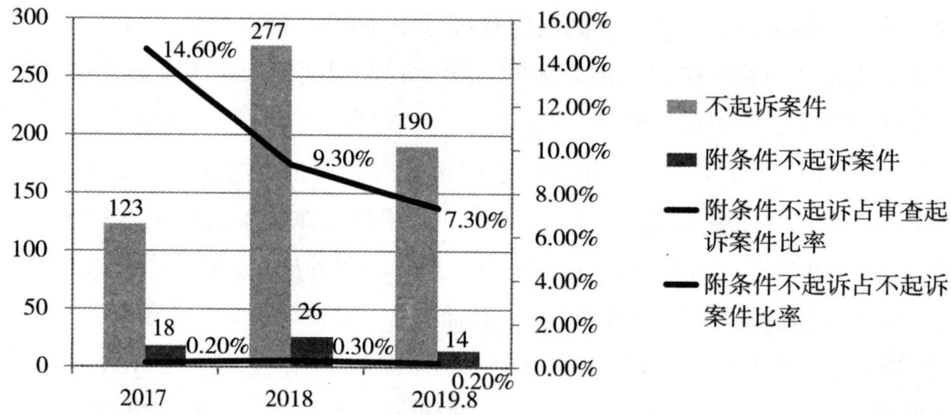

图 1　J 省 W 市 2017 年至 2019 年 8 月不起诉案件、附条件不起诉案件数量与占比（单位：件）

经调研，附条件不起诉适用率偏低的主要原因在于：

（一）适用条件过于狭窄

一是适用对象上仅限于未成年人。目前的制度设计较好地考虑了未成年群体的特点及权益保护，但将大量同样主观恶性较小、社会危害性较低、无必要进入审判环节进行

① 参见郎胜主编：《〈中华人民共和国刑事诉讼法〉修改与适用》，新华出版社 2012 年版，第 473～474 页。

重复审查审判的成年人案件排除在外。这与上文分析的附条件不起诉制度的价值理念不符,也与国际上主要法治国家的做法不符。二是罪名范围较小。从现行未成年人附条件不起诉制度适用的罪名上看,仅适用于未成年人涉嫌《刑法》分则第四章、第五章、第六章规定的犯罪案件,即排除了除侵犯公民人身权利、民主权利罪,侵犯财产罪和妨害社会管理秩序罪等三类罪名外的其他犯罪适用未成年人附条件不起诉的可能性。这三类罪名看似范围较大,但结合附条件不起诉制度适用的刑期要求,即可能判处1年以下有期徒刑,实际上能够适用的情况非常少。从调研结果来看,J省W市附条件不起诉适用的案件罪名主要集中在盗窃、聚众斗殴、寻衅滋事等(见图2)。三是适用刑期要求苛刻。附条件不起诉制度适用的刑期要求为可能判处1年以下有期徒刑。而我国刑法规定最高刑在1年以下有期徒刑的很少。这严重限制了未成年人附条件不起诉制度的应用,难以适应当前司法实务的需要。从认罪认罚从宽制度试点的情况来看,其罪刑适用情况经历了从大多适用于可能判处3年有期徒刑以下刑罚的案件到在全部速裁案件中适用认罪认罚从宽制度、轻罪重罪逐渐平衡适用的过程。这为附条件不起诉突破当前适用刑种刑期范围狭窄的困境提供了改革的范例。

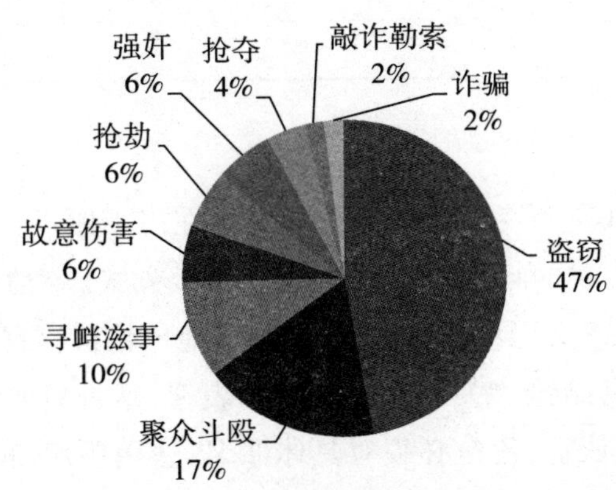

图2　J省W市附条件不起诉适用的案件罪名比例

(二)适用程序成本较高

一是目前我国不起诉裁量权的行使程序受到严格的限制。实践中通常采取提交检委会讨论决定的方式来审查决定。从调研数据来看,W市7个基层人民法院中6个基层人民法院对附条件不起诉案件多采取检委会决定的方式,有的甚至是"两上检委会"(见表1),即对案件审查后拟作出不起诉决定及经过相应考验期考察帮教后,最终作出不起诉决定均需提交检委会审议通过。相较于认罪认罚从宽制度可以采用速裁程序集中告知、集中分别讯问、集中出庭,省略法庭调查、法庭辩论环节,不受《刑事诉讼法》规定的送达期限的限制等规定,显然附条件不起诉的程序未得到任何减除,烦琐的决定程序虽然有利于慎重对待附条件不起诉案件,但也严重掣肘了该制度的适用和价值发挥。二是不起诉制度适用风险较大。一方面,适用不起诉相对于直接起诉更容易造成检察官需要面对被害方情感上难以接受从而引发社会舆情及涉检信访事件产生的不利局面。另一方面，检察系统内部设置的不起诉率控制的政策也使检察官在可以适用不起诉制度时需要慎重考量。被调研检察官普遍认为附条件不起诉案件从法律定性上来说是有罪责的，除非不起诉决定确信不会导致被害人一方信访、闹访，且对自己的绩效考核没有不利影响，才会考虑适用，否则，不如直接起诉来得安全简便。

表 1 作出不起诉决定的主体

单位	作出不起诉决定的主体		
	检委会	检察长	副检察长
A 基层人民法院	√		
B 基层人民法院	√		
C 基层人民法院	√		
D 基层人民法院			√
E 基层人民法院	√	√	
F 基层人民法院	√	√	
G 基层人民法院	√		

（三）适用标准不明

检察官适用附条件不起诉考虑的因素主要集中在以下四点：是否有悔罪表现、再犯风险大小、有无激化矛盾的可能、有无合适的考察帮教方式。① 然而，这四种因素目前并没有客观的评估标准，缺乏可操作的评估体系，更多地依赖检察官自我内心的评判，不同的检察官可能得出不同的结论。关于是否有悔罪表现，是否只要如实供述犯罪的目的、起因、具体过程等就可以认定，还是必须对具体罪名、适用程序、拟出刑罚均予认可才能认定。关于再犯风险的大小如何判定，是否只要多次实施过同种犯罪行为即为再犯风险较高，还是每一次的犯罪行为都要达到相应的程度才能认定，或者检察官预判能够通过针对性的考察帮教措施使其能够正常回归社会就可以适用附条件不起诉，不同情形在不同主体的研判下可能得出不同的结论。关于有无激化矛盾的可能，是否必须要求得到一定数额的赔偿，若客观不能实现能否认定也有争论。关于有无合适的考察帮教方式，针对外地人是否就因缺失了家庭辅助帮教的条件从而认为无合适方式、无法适用附条件不起诉，同样需要明确。

---

① 参见北京市海淀区人民检察院课题组：《附条件不起诉实证研究报告》，载《国家检察官学院学报》2017 年第 3 期。

三、完善附条件不起诉制度的设想

(一)实体上扩大适用范围

从其他国家和地区附条件不起诉制度的设计来看,美国、日本、法国等国家没有明确限制案件范围,德国、我国台湾地区主要根据法定刑的轻重对附条件不起诉的适用予以限制,在刑种和行为主体方面没有限制。① 认罪认罚从宽制度没有适用案件罪名和可能判处刑罚的限定,所有刑事案件都可以适用,不能因案件罪轻、罪重或者罪名特殊等原因而剥夺犯罪嫌疑人、被告人自愿认罪认罚、获得从宽处理的机会。② 借鉴域外立法和司法经验,结合当前认罪认罚从宽制度,可适当放宽附条件不起诉适用条件。一是取消附条件不起诉制度只适用于未成年人的立法限制。适用对象的区别标准不应从年龄进行简单划分,而应从行为的社会危害性、主体的人身危险性等出发。有学者认为,可以将附条件不起诉扩大适用至成年人,但主张采用"二元制"立法。笔者认为,虽然未成年人与成年人在身心特点、认知水平上有所不同,但这样的差异完全可以由检察机关在选择具体所附条件及考察帮教方式上有所侧重、进行针对性匹配即可,没有单独立法的必要。相对于繁复的"二元制"立法,这也不失为可以考虑的路径选择。二是将刑罚条件限定为3年以下有期徒刑。如上文分析,在罪名及1年有期徒刑刑期的双重限制下,附条件不起诉发挥"从宽""分流"等价值功效的土壤和空间显然非常狭小,这与制度设计初衷相悖。将刑期扩大为3年以下有期徒刑,与国际上"轻罪"的习惯处理一致,也可以更好地与我国刑事实体法相衔接,实践中更好把握,更具有可操作性。在扩大刑期的同时,以下情形建议排除适用附条件不起诉:(1)危害国家安全犯罪、危害国防利益犯罪;(2)严重的暴力性犯罪,如故意杀人、强奸、绑架、毒品犯罪;(3)曾适用过附条件不起诉,仍屡教不改的;(4)共同犯罪活动中的主犯;(5)发现漏罪或犯新罪的;(6)累犯;(7)其他不适宜的情形。

(二)程序上删繁就简

程序的公正设置是保障案件实体公正的重要条件,但过于烦琐的程序不仅会延误公正实现的效果,而且会让程序的适用者望而生畏,不利于诉讼经济。笔者建议,首先,适当简化不起诉制度的适用程序,避免承办人在面对有裁量空间的案件时为避免程序负担而直接选择"一诉了之",导致程序空置。针对实践中广泛采取的不起诉案件一律经过检委会讨论决定的做法,可将一般不起诉案件的决定权交由检察长或分管检察长实施,确属疑难、复杂、争议较大的案件才需报检委会讨论决定。在实践中,甚至有基层检察院探索了将所有不起诉案件决定权下放至检察官联席会议的做法,运行效果良好。这种模式

① 参见陈光中主编:《〈中华人民共和国刑事诉讼法〉修改条文释义与点评》,人民法院出版社2012年版,第399页。

② 《最高人民法院、最高人民检察院、公安部、国家安全部、司法部关于适用认罪认罚从宽制度的指导意见》第5条。

的检察机关微罪不起诉率从 2017 年的 2.98% 跃升至 7.66%。[①] 其次，取消附条件不起诉意见报上级检察机关备案的规定。在司法责任制改革背景下，应当逐步实现案件决定权由检察官、检察官联席会议等办案主体掌握的目标。

（三）配套上健全相关制度

附条件不起诉制度要求犯罪嫌疑人必须完成一定的条件才能对其作出不起诉决定。因此，首先，必须将所附条件进行明确，避免裁量权滥用，同时通过条件的达成过程实现犯罪嫌疑人真诚悔罪、消除人身危险、重新回归社会等制度设计初衷。可借鉴国外立法经验，将条件分为"负担"和"指示"两类。"负担"主要指积极赔偿被害人、补偿公共利益损失、参加义务劳动、社区服务等。"指示"主要指遵守法律及行政法规、服从监督和考察、按时汇报自身情况等。W 市 B 区基层人民法院开设了线上帮教平台，借鉴学习强国软件模式，采取积分考核机制，即每日完成定位、签到、法治视频学习、案例解读学习以及挑战答题栏目可获取相应分数，检察官和社工根据积分累计情况，判断未成年人是否需要强制性到帮教基地参加线下帮教活动。该平台作为线下帮教的有益补充，将普法教育、社会调查、心理测评、心理咨询、社会观护等融为一体，实现了对涉罪未成年人远程、实时、立体帮教和监管，切实提升了帮教工作质效。其次，建立科学的案件考评机制。对不起诉率的内部政策已经不能适应当前宽严相济、诉讼经济等原则，机械的数字制约了检察环节自由裁量权的发挥。因此，笔者建议在政策上"松绑"，代之以案管部门事中、事后的科学评查监督。最后，建立健全附条件不起诉监督考察机制。法律将附条件不起诉的监督考察主体规定为检察机关，事实上，基层检察院本就面临办案任务重的压力，而附条件不起诉考察期从 6 个月到 1 年不等，相对于常规案件一个半月的审查起诉期限而言，这显然成为检察官"难以承受之重"。笔者建议，将检察机关的定位为牵头组织者，而非具体监督考察机关。立足于街道、社区、企业等基层组织或单位为依托，建立稳定的监督考察配套单位。[②]

（四）监督上强化内外部制约

附条件不起诉制度赋予了检察机关在审查起诉阶段较大的自由裁量权，这使加强监督确保这一制度在实践中准确适当地应用发挥其应有效能成为必要。笔者建议，一是建立公开听证制度。对于适用附条件不起诉有争议的案件或者社会影响较大的案件，可以召开听证会，这样就保证了检察机关适用附条件不起诉案件办理的质量。二是加强案件当事人的程序参与。结合认罪认罚从宽制度，附条件不起诉的前提应是犯罪嫌疑人认罪且同意适用该程序。因为尽管附条件不起诉是一种总体上有利于犯罪嫌疑人的程序处理，但同时也意味着犯罪嫌疑人可能不再接受审判，由此失去了接受公正审判的权利。

---

① 参见苏云：《不起诉裁量权行使的影响因素与发展路径》，载《人民检察》2019 年第 8 期。

② 参见范仲瑾：《附条件不起诉制度的规范架构与完善建议》，载《人民检察》2013 年第 21 期。

因此,必须设立经犯罪嫌疑人同意的程序。[①] 要主动阐释认罪认罚从宽制度的意义,促使犯罪嫌疑人自愿认罪认罚。同时,检察机关应当在作出不起诉决定前充分听取被害人的意见,保障其知情权和参与权,做好释法说理工作。积极促成被不起诉人对被害人的赔偿,尽可能修复被犯罪行为破坏的社会关系。这既可以避免涉检信访的发生,也降低了检察官适用不起诉制度的风险。三是充分发挥人民监督员作用。不仅在召开听证会时邀请人民监督员的参与,并且将人民监督员的效用拓展至整个附条件不起诉案件的办理及考察帮教过程,从而有效防止权力滥用。四是进一步落实司法公开。加大附条件不起诉文书上网力度,强化文书说理及释法,接受人民群众监督。

① 郭斐飞:《附条件不起诉制度的完善》,载《中国刑事法杂志》2012 年第 2 期。

认罪认罚案件上诉问题研究

赵舒宇*

摘要:认罪认罚程序是被追诉人承认司法机关的定罪,接受司法机关提出的处罚,从而换取程序上与量刑上减让的制度。但实践中出现被追诉人认罪认罚后提出上诉,在享受过司法机关依照"契约"给予程序和量刑优惠后,又单方面"毁约",且由于上诉不加刑原则导致二审只能维持原判,显失公平。立足认罪认罚从宽制度与上诉权的现实争议,应当在保障被追诉人上诉权的前提下,针对不同上诉类型分情况限制上诉权的滥用,同时需要完善认罪认罚程序配套措施,以保障这项制度充分发挥其应有的作用。

关键词:认罪认罚从宽制度　上诉权　限制

认罪认罚从宽制度的实施,能够更好地实现繁简分流、提高诉讼效率、节约司法资源,也有助于促进被追诉人认罪悔罪、息诉服判。但实践中被追诉人认罪认罚后上诉的做法,[①]在一定程度上弱化了认罪认罚从宽制度的效果,架空了这一制度存在的价值。笔者认为,应当在保障被追诉人上诉权的前提下,针对不同上诉类型分情况限制上诉权的滥用,同时需要完善认罪认罚程序配套措施,以保障这项制度充分发挥其应有的作用。

一、认罪认罚从宽制度与上诉权的现实争议

认罪认罚从宽制度,是指被追诉人承认司法机关的定罪,接受司法机关提出的处罚,从而换取程序上与量刑上减让的制度。被追诉人认罪认罚后会在律师的见证下签署具结书,以书面形式确定其对定罪量刑的认可,法院判处的刑罚也通常会在具结书所提的

---

* 赵舒宇,江苏省扬州市人民检察院检察官助理。

① 实践中,虽然认罪认罚案件上诉率仅为3.35%,但已引起实务界和学术界的关注,对认罪认罚案件是否应当保留上诉权争议激烈。参见杨立新:《认罪认罚从宽制度试点总结报告》,载胡云腾主编:《认罪认罚从宽制度的理解与适用》,人民法院出版社2018年版。

量刑建议范围内，理论上被追诉人不会因不服判决而上诉，但实践中发现，认罪认罚与上诉权存在多个方面的争议。

(一)认罪认罚后上诉的类型

1. 投机型上诉

投机型上诉，是指被追诉人在一审审查起诉期间，先口头表示认罪认罚，获得一审在程序及量刑方面的减让优惠，然后提出上诉。由于我国实行无因上诉原则，只要被告人提出上诉，即使没有说明理由，也需要启动二审程序，同时，由于上诉不加刑原则，面对上诉人这种单方“毁约”的行为，二审不能因此加重对其的处罚。

虽说认罪认罚从宽制度与英美法系的“诉辩交易”有本质的不同，但从结果来看，也可以说是被追诉人以自己真诚地认罪与认罚来与司法机关协商，换得从轻处罚的优惠，并签订具结书这一契约。被追诉人单方毁约上诉的行为不仅是不诚信的问题，更是因其“假装认罪认罚”骗取了本不应当获得的刑期减让，使裁判结果不再公正，罪责刑不再平衡。试想如果每一个被追诉人都效仿，那么认罪认罚从宽制度就失去了存在的意义。

2. 留所型上诉

留所型上诉，是指被追诉人认罪认罚后，对一审判决认罪服判，但因为希望留在看守所服刑，采用上诉这一手段达到拖延判决生效的目的，即使二审法院说服其撤诉或是作出维持一审判决的裁定，等到判决生效时剩余刑期可能已经不足 3 个月，正好满足留在看守所服刑的目的。

有学者专门针对留所型上诉进行了调研，发现被羁押人员对于服刑地有选择的需求，“一些剩余四五个月刑期的被告人，明明对裁判结果没有意见，却因不愿去监狱服刑而上诉”。[①] 在没有设监狱的地方，留所服刑能方便家人探监、上账、送药等；生活条件较好的看守所，留所服刑能有好的生活环境；轻刑犯、初犯、偶犯等，留所服刑能给亲朋好友造成“犯的事不严重没有进监狱”的印象，有助于减轻社会对其自身及家人的负面评价等。出于趋利避害的本能，被羁押人员会采取种种方式获取留所服刑的机会。

3. 实质型上诉

实质型上诉，是指被追诉人因为真正不服一审判决而提起的上诉，上诉的具体理由包括但不限于：一审时由于对法律了解不深、没有获得实质辩护帮助、办案人员不当施压等原因，其认罪认罚的意愿非自愿真实；法院判决改变了检察机关认定的事实、罪名，被追诉人不服；法院虽采纳检察机关认定的事实及罪名，但没有采纳量刑建议，被追诉人不服等。

(二)司法机关的应对态度

针对被追诉人认罪认罚后又上诉的问题，各地法检呈现出不同的态度，主要有以下

① 张勇、程庆颐等：《推进刑案速裁促进繁简分流——天津高院关于刑事案件速裁程序试点工作的调研报告》，载《人民法院报》2015 年 9 月 24 日。

几种：

1. 以"抗诉可加刑"应对"上诉不加刑"。一些地区法院与检察院相互配合，检察院在被追诉人提出上诉后，迅速以一审量刑过轻为由提出抗诉，由于《刑事诉讼法》中规定检察机关提出抗诉的，不受"上诉不加刑"的限制，二审法院就能在原刑罚的基础上加上认罪认罚所减让的量刑，使罪责刑相适应。一些地区还将这一做法用实施细则予以明确，如大连市法院、检察院制定了《刑事案件认罪认罚从宽制度试点工作实施办法（试行）》，明确规定被追诉人认罪认罚后上诉的，检察机关可以提出抗诉。此后又出现一种新情况，被追诉人在上诉期届满前一天提起上诉，若裁判文书同时送达被追诉人和检察院，由于检察院提出抗诉还需要一定时间，因此来不及在期限内抗诉，对此一些地区法院采取推迟几日送达判决书给检察院的方式，在裁判文书送达被追诉人几日后再送达检察院，使检察院抗诉期限届满日晚于被告人的上诉期，以方便检察院有充足的时间能够提出抗诉。

2. 以"二审迅速审结"应对"拖延时间留所"上诉。一些上诉人通过上诉的方式拖延判决生效时间，希望拖到剩余刑期足够短时能留所服刑，二审法院加快办案速度，压缩办案期限，快速审结案件，让上诉人留所愿望落空，有的留所上诉的二审案件甚至在 5 日内就结案。

3. 实践中，也有一些二审法院没有接受检察机关的抗诉意见，将这种认罪认罚后上诉的案件视作普通上诉案件，驳回检察机关抗诉。

认罪认罚后上诉的做法的确与国家设立认罪认罚从宽制度的初衷相悖，但以抗诉应对上诉、以迅速结案应对拖延时间等做法的意义有限，只能是通过个案向社会释放司法机关的否定态度，但并不具有可推广性。

（三）上诉权废、留、限观点争议

被追诉人认罪认罚后是否还应当享有上诉权，理论界也存在废除、保留、限制三种观点。

1. 废除上诉权的观点

早在试点速裁程序时，就有学者主张速裁程序实行一审终审制。因为适用速裁程序审理的案件，都是简单清晰的轻刑案件，庭审中也简化了举证、质证、辩论等环节，控辩审三方对事实认定、法律适用、程序选择均无异议，即使保留上诉权，二审审理时也无从核实证据采纳等情况，上诉权已经不具有纠正一审错误的功能，应当取消。被追诉人在审理前享有程序选择权，其同意适用速裁程序本身就代表其放弃了上诉等一系列权利，因此对适用速裁程序的认罪认罚案件，应当不再享有上诉权。[①] 而对于留所型上诉，其表面不服判决内心实际服判，上诉只是其推迟判决生效的手段而已，取消其上诉权并不会对

① 参见陈卫东：《认罪认罚从宽制度研究》，载《中国法学》2016 年第 2 期。

其权利造成实质影响。

2. 保留上诉权的观点

持保留上诉权观点者认为，被追诉人即使认罪认罚，也还是应当享有上诉权。修改后《刑事诉讼法》确定认罪认罚从宽原则时，并没有对其上诉权作出任何限制，这本身就说明立法机关的审慎态度。如果规定认罪认罚后就不能上诉，那就失去了一条纠正错案的途径，不利于司法公正。[①]

3. 限制上诉权的观点

持限制上诉权观点者认为，应该保留认罪认罚案件的上诉权，但鉴于实践中存在的大量非实质性上诉，如为留所服刑而上诉等，这是对上诉权的滥用，应当对其有所限制。只有经过审查后认为上诉理由为实质性上诉的，才能被赋予上诉权。[②]

二、认罪认罚的被追诉人应当享有上诉权，但应受限制

（一）认罪认罚的被追诉人应当享有上诉权

上诉权是被追诉人的重要权利，是保障司法公正的一道防线，也是司法办案中的一项纠错机制。随着认罪认罚从宽制度的广泛使用，此类案件在刑事案件中的比例越来越大，几乎可以涵盖所有罪名，取消认罪认罚案件的上诉权，在某种程度上不亚于架空了现有的上诉制度。而现阶段，认罪认罚案件中被追诉人的多项权利难以得到保障，应当给予此类案件一条救济途径。一些认罪认罚案件尚存在以下问题：

1. 被追诉人缺乏专业有效的辩护帮助

尽管最高人民法院和司法部联合出台的《关于开展刑事案件律师辩护全覆盖试点工作的办法》中对律师辩护全覆盖作出种种规定，但速裁程序、简易程序并没有辩护覆盖，没有聘请律师的被追诉人只能得到值班律师的帮助。而值班律师的权限只有“提供法律咨询、程序选择建议、申请变更强制措施、对案件处理提出意见等”，在值班律师不能阅卷、不能单独会见犯罪嫌疑人、一审开庭时值班律师也不能出庭等情况下，其所能提供的帮助极其有限，在被追诉人作出是否认罪认罚的关键时刻缺乏专业且有效的帮助。

2. 认罪认罚告知不够全面具体

尽管适用认罪认罚程序时，司法机关会告知被追诉人的权利义务，但这种告知是对“如实供述、从宽处罚”等基本权利义务的告知，并不包含案件证据情况、同案犯处理情况、量刑依据、认罪认罚能获取的量刑减让幅度等信息，而这些未告知的信息恰恰才是追诉人决定是否认罪认罚的关键。

---

① 参见陈瑞华：《认罪认罚从宽制度的若干争议问题》，载《中国法学》2017 年第 1 期。

② 参见最高人民法院刑一庭课题组：《关于刑事案件速裁程序试点若干问题的思考》，载《法律适用》2016 年第 4 期。

3. 被追诉人的认罪认罚缺乏自愿性、真实性基础

如前所述，在被追诉人得不到有效辩护、对关键信息不知情的情况下，其并不能真正认识认罪认罚的后果，也无法判断认罪认罚对其是否有利，且在侦查或调查期间还承受“如实供述”的巨大压力，其认罪认罚缺乏自愿性、真实性基础。尽管《刑事诉讼法》规定检察机关“应当就主刑、附加刑、是否适用缓刑等提出量刑建议”，但幅度刑量刑建议多，确定刑量刑建议少，被追诉人签署具结书时所认罚的是一个时间不确定的自由刑和数额不确定财产刑，被追诉人只能笼统地认罪认罚。

4. 被追诉人认罪认罚的合法性难以核实

根据《刑事诉讼法》的规定，被追诉人认罪认罚的，法庭需要当庭核实其认罪认罚的自愿性、真实性、合法性。在被追诉人的自愿性、真实性缺乏基础，只是笼统认罪认罚的情况下，关于认罪认罚的合法性也很难通过庭审有效核实。以适用速裁程序的案件为例，值班律师不能出庭辩护，庭审也没有举证质证环节，整个庭审过程不足半小时，很难通过庭审核实认罪认罚的合法性，一些在事实、证据、量刑等方面存在问题的案件也很难在庭审中被发现。

认罪认罚从宽制度固然能够节约司法资源，加快办案效率，但减程序不能减质量，在前述问题没有得到实质性改善之前，有必要保留认罪认罚案件的上诉权，这也是通过二审程序纠正一审错误的途径。

（二）认罪认罚案件的上诉权应当受到限制

认罪认罚的被追诉人应当享有上诉权，这既是《刑事诉讼法》的要求，也是现阶段被追诉人权利保障不足情形下的一种纠错途径。在认罪认罚后上诉的三种类型中，投机型上诉是享受从宽优惠后单方面推翻，留所型上诉对判决并无异议，其目的在于拖延判决生效时间，这两种上诉类型与赋予被追诉人上诉权的初衷相悖，不仅使实体上的从宽处罚及程序简化失去正当性基础，也有违司法公正，违背认罪认罚制度设立的初衷。因此，认罪认罚案件的上诉权应当受到限制。

1. 符合刑事司法规律。英美法系与大陆法系均有类似辩诉交易的做法，均对上诉权作出一定限制，虽然与我国认罪认罚不同，但也具有借鉴意义。英美法系严格限制不服定罪的上诉，但保障不服量刑的上诉；意大利限制协商范围及根据协商作出的判决的上诉，德国虽然没有对定罪与量刑上诉作出限制，但允许被追诉人在协商过程中放弃上诉权，实际上也是一种限制的效果。①

2. 具备正当性基础。在保证认罪认罚自愿性、真实性、合法性的前提下，被追诉人的实体权利、诉讼权利可以被限制，也可以被其自己放弃。如普通案件的上诉期为受到判决文书后 10 日，超出上诉期就不再有上诉权，这就是法律限制上诉权的一种表现。被追

① 参见孙长永：《比较法视野下认罪认罚案件被告人的上诉权》，载《比较法研究》2019 年第 3 期。

诉人在上诉期内没有书面或口头提出上诉,即是放弃上诉权的表现;被追诉人选择速裁程序,就是放弃庭审举证质证权利。认罪认罚案件对被追诉人的上诉权作出一定限制,是具备正当性基础的。

三、限制认罪认罚案件上诉权的制度设计

随着认罪认罚从宽制度的全面实施,司法机关应当对认罪认罚案件的上诉权作出一定限制,笔者对上诉权的限制范围、限制方式等作出如下设计:

(一)限制的范围

对认罪认罚案件上诉权的限制,应以保障上诉权正常行使、制止上诉权滥用为指导。限制上诉权的案件范围宜限于被判处有期徒刑3年以下的轻刑案件,对于重大案件应该保障其完整的上诉权。对于上诉理由的限制范围应限制投机型上诉、留所型上诉,对实质型上诉仍应予以保障。对于轻刑案件,经审理认为被追诉人系自愿、真实、合法签署认罪认罚具结书,且一审判决未超出检察机关量刑建议范围的案件,在没有新事实、新证据、新法律规定、相反判例等情况下,不予受理其上诉申请。

(二)限制的方式

采用审查上诉理由的方式进行限制,由一审法院进行书面审查。符合上诉要求的上诉理由包括:被追诉人的认罪认罚不具有自愿性、真实性、合法性;一审判决改变检察机关起诉认定的事实或量刑情节,导致量刑发生变化;一审判决在没有改变事实及量刑情节的情况下,加重了对被追诉人的刑罚;一审判决事实认定错误或法律适用错误;上诉期内有新的法律规定,或发现新证据,可能影响被追诉人的定罪量刑;被追诉人所判刑罚明显高出当地类似已判案件等。对于经审查不能排除上诉情形的,准许上诉,依法启动二审程序;对于经审查不符合上诉要求的,由一审法院以裁定形式驳回。

四、完善现有辅助措施

限制上诉权的滥用,应以保障被追诉人合法权益为前提,因此还需要完善现有认罪认罚辅助配套措施。

(一)保障被追诉人获取有效辩护的权利

在协商认罪认罚前,确保律师能够正常阅卷,了解案件基本情况,给值班律师及被追诉人相对独立的交谈时间及空间,使被追诉人能够就指控的事实、证据、量刑的合理合法性等问题得到律师的帮助,让其在充分知情、明确后果的情况下作出认罪认罚的决定。

(二)拓宽告知内容

强化量刑减让告知,明确告知法定刑和认罪认罚后的减让幅度;强化案件相关处理情况告知,告知判断的必要要素,如同案人处理情况等,及早化解风险;强化后果告知,在签署认罪认罚从宽告知书时说明对协商确定的量刑建议反悔可能导致的法律后果;强化

执行方式告知,对于一些量刑建议为拘役刑的案件,告知被追诉人拘役刑本就在看守所执行,对于一些判决后余刑超出半年,告知其不可能通过二审拖延到 3 个月以内,能减少部分留所型上诉。

(三)增强认罪认罚过程的协商性

增强与被追诉人及其律师的协商程度,形成合意。

1. 以量刑清单明确量刑依据

在协商过程中,检察机关向被追诉人及其律师出示书面量刑清单,清单上列明基准刑内容、依据及各项量刑情节,在此基础上协商量刑减让幅度,最终达成一致意见,并签署认罪认罚具结书。被追诉人及律师能够清楚检察机关量刑的依据,也有利于被追诉人自愿、真实地认罪认罚。

2. 以证据开示促进公开公正

由于没有赋予值班律师阅卷权与单独会见权,被追诉人及值班律师并不明确案件的证据情况,检察机关可以在协商时先进行证据开示,以利于值班律师在证据基础上为被追诉人有效辩护。

调查报告

关于"事实孤儿"监护困境问题的调查报告

——以江苏省扬中市人民检察院开展"事实孤儿"监护干预为例

姚 俊 王 樱 贺 俊*

摘要:近年来,"事实孤儿"权益被侵害事件引起社会大众的高度关注,对"事实孤儿"进行监护干预迫在眉睫。通过走访调查扬中市"事实孤儿"生存现状,发现"事实孤儿"监护中存在诸多问题,相关职能部门出台的保障"事实孤儿"权益的相关意见缺乏可操作性。检察机关应通过支持起诉、督促履职、合力协作、法律监督等方式破解"事实孤儿"监护难题,凸显检察作为,为实现"孤有所依""孤有所养""孤有所教"提供法律支持。

关键词:事实孤儿 监护困境 司法干预 合力保护

近年来,"杭州9岁女童被租客带走遇害案""毕节四兄妹喝农药自杀"等事件引起社会大众的高度关注。据民政部统计,我国目前有50万"事实孤儿"处于监护不力状态,特别是部分农村留守儿童的监护缺失,已经严重影响他们的生命健康安全,需要国家监护的介入。习近平总书记提出,"要关心留守儿童,完善工作机制和措施,加强管理和服务,

---

* 姚俊,江苏省扬中市人民检察院副检察长;王樱,江苏省扬中市人民检察院第四检察部主任;贺俊,江苏省扬中市人民检察院第四检察部副主任。

让他们都能感受到社会主义大家庭的温暖”。相关职能部门也先后出台相关意见[①]，通过明确保护范围、健全保障机制、规范工作程序等方式来保障“事实孤儿”权益。

一、“事实孤儿”的监护基本情况

（一）“事实孤儿”的概念与类型

“事实孤儿”即事实无人抚养儿童，属于困境儿童的一部分，是指父母双方不能正常履行抚养和监护责任的儿童。[②] 主要包括两类：一类是父母双方均符合重残、重病、服刑在押、强制隔离戒毒、被执行其他限制人身自由的措施、失联情形之一的儿童；另一类是父母一方死亡或失踪，另一方符合上述情形之一的儿童。据民政部统计，我国目前有 50 万“事实孤儿”处于监护缺失或者监护不力状态，其中第一类约有 22 万人，第二类约有 28 万人。[③]

出现上述两种情形后，孩子一般由祖父母、外祖父母监护，但老人由于自身精力不足等原因，不能很好地尽到监护义务。国家一般会通过最低生活保障、临时救助、建档建卡等方式对这些“事实孤儿”进行救助，但是这些政策在实施过程中没有形成合力，保障标准较低，无法充分保障“事实孤儿”的权益。

（二）“事实孤儿”监护干预的必要性

“事实孤儿”的实际抚养人大都年事已高，家庭生活困难，缺乏经济来源，难以承担抚养重任；部分“事实孤儿”父母怠于履行监护职责，生下孩子后丢给自己的父母抚养，生而不养。事实转移抚养子女义务给（外）祖父母的行为，不仅增添了老人的经济负担，同时也不利于孩子的心理健康发育。西北大学心理咨询中心教授郑安云针对“事实孤儿”生存状况的调研结果显示，56.8% 的“事实孤儿”表示经常想念父母，但当被问及父母情况时，这些孩子都会避而不语。有 18.9% 的孩子表示“更愿意自己待着而不是和同学交往”，90.5% 的孩子“经常或偶尔羡慕别的同学能见到自己的父母”。约有 37.8% 的“事实孤儿”会因家里贫困受到同学嘲笑。心情不好时，只有 35.1% 的孩子选择向家人倾诉，多数事实孤儿不善言谈，甚至一直缄默不语，存在明显的自卑和自闭倾向，难以适应学校

---

① 2016 年 6 月，国务院出台了《关于加强困境儿童保障工作的意见》，表明“国家监护”介入救助观护困境儿童；2019 年 6 月，民政部、公安部、最高人民法院、最高人民检察院等 12 部门联合出台《关于进一步加强事实无人抚养儿童保障工作的意见》，旨在保障全国 50 万“事实孤儿”基本权益，通过司法程序对于那种“生而不养”的父母将给予相应惩戒，同时对于符合条件的“事实孤儿”认定，司法机关应当提供法律保障。2018 年 5 月，江苏省民政厅联合江苏省人民检察院等 8 部门制定了《关于落实困境儿童分类保护制度有关问题的补充意见》，2019 年 11 月，江苏省民政厅联合江苏省高级人民法院、江苏省人民检察院等 12 部门出台《关于进一步加强事实无人抚养儿童保障工作的实施意见》，将父母监护缺失儿童、父母无力履行监护职责的儿童，特别是无人监管的“留守儿童”“困境流动儿童”等监护不全的儿童纳入“事实孤儿”保障体系。

② 参见张友江：《事实孤儿》，载《南方日报》2019 年 7 月 12 日。

③ 参见耿学清：《我国 50 万名“事实孤儿”将有生活保障》，载《中国青年报》2019 年 7 月 11 日。

社会生活。[1] 经济上、心理上的双重压力导致部分“事实孤儿”难以树立正确的世界观、人生观、价值观，难以形成健全的人格，部分孩子厌学逃学，沉溺于网络游戏难以自拔，部分孩子走上了违法犯罪的道路。古语云“养不教，父之过”，传统观念里“生儿不养”是“家务事”，是父母失职，但是这种怠于监护的行为某种程度上已经给我们的社会环境埋下了诸多不稳定因素，如果继续漠视“事实孤儿”这一特殊群体，那么我们整个社会必然要付出沉重的代价。

（三）扬中市“事实孤儿”基本情况

为更好地了解本地“事实孤儿”的生存现状，2019 年 3～9 月，根据民政部及最高人民法院、最高人民检察院等 12 部门联合出台的《关于进一步加强事实无人抚养儿童保障工作的意见》及江苏省民政厅、江苏省人民检察院、江苏省人民法院等 8 部门联合出台的《关于落实困境儿童分类保障制度有关问题的补充意见》的要求，扬中市人民检察院联合市妇联对全市“事实孤儿”开展深入调查，通过走访调查，发现全市共有 30 名“事实孤儿”，其中 24 名儿童由（外）祖父母双方共同抚养，占比 80%，6 名儿童由（外）祖父母一方单独抚养，占比 20%。父母中一方死亡，另一方怠于履行监护职责的有 15 人，占比 50%，其中有 6 人母亲系外地人，已回到老家联系不上；父母双方未离异均怠于履行监护职责，“生而不养”的有 3 人，占比 10%；父母离异重组家庭后怠于履行监护职责的有 5 人，占比约 16.67%；父母一方失踪，另一方怠于履行监护职责的有 2 人，占比约6.66%；服刑或强制戒毒人员子女有 5 人，占比约 16.67%。

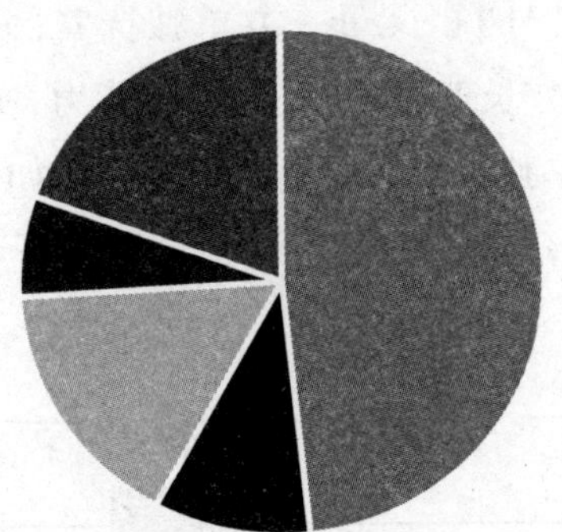

图 1 监护人履职情况

① 参见靖力：《救助事实孤儿，比救助孤儿还要困难？原因在这里》，载《方圆》2017 年 9 月 22 日。

二、"事实孤儿"家庭中所存在的监护困境问题及其原因

(一)"事实孤儿"存在的监护困境问题

现行法律明确了父母是未成子女天然的法定监护人,而国家层面的监护干预发生在父母死亡或丧失监护能力且没有其他适当的监护人的情形。因此,对于父母具备监护能力,但事实上却未能提供监护庇佑的"事实孤儿"难以获得救济,导致这些"事实孤儿"面临着比孤儿更困难的生活现状。以扬中市"事实孤儿"生存现状为例,目前"事实孤儿"面临监护难题主要集中表现在以下几个方面:

一是实际抚养人无收入来源,经济生活拮据。据调查显示,30 名"事实孤儿"的实际抚养人均是(外)祖父母,其中,依靠(外)祖父母打零工维持生活和依靠政府救济帮扶的儿童各有 15 名,各占总数的 50%。所有(外)祖父母实际抚养人均年事已高,其中有 3 名老人身患癌症,有 8 名老人身患慢性病或者残疾,常年需要服用药物,无充足的经济来源,难以承担孩子的生活教育费用。例如,笔者在走访扬中市新坝镇的一名"事实孤儿"朱某某(男,14 岁)时,了解到朱某某的父母在其 3 岁时离异,法院判决朱某某由母亲孙某某抚养。母亲则将其交给身患严重糖尿病的外祖母抚养,对其不管不问,父亲自 2011 年以来未支付过抚养费。孙某某目前因涉嫌犯罪被判刑,朱某某因无生活来源面临失学问题。

二是生活环境较差,难以承担抚养重任。有 10 名儿童和实际抚养人长期居住在年久失修的老房子里,占比 33.33%;7 名儿童由(外)祖父母一方单独抚养;另有 8 名儿童虽然名义上由(外)祖父母双方抚养,但其中一方长期患病,丧失劳动能力,实际上仍由一方抚养,即共有 15 名儿童由(外)祖父母一方单独抚养,占比达 50%。例如,一名儿童由身患残疾的外公独自抚养,老人自身腿脚不便,且疾病缠身,还要照顾孩子,难以承担抚养重任。

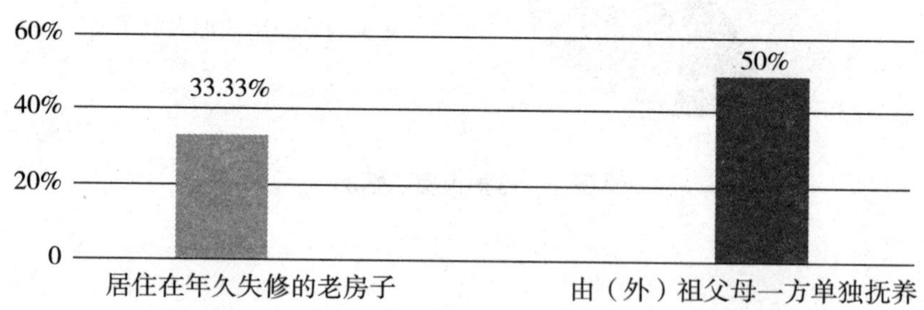

图 2 居住条件及抚养情况

三是抚养人文化程度不高,教育能力不足。30 名"事实孤儿"中,学龄前儿童 10 名、小学生 8 名、初中生 9 名、高中生 3 名。因(外)祖父母的文化程度不高,难以辅导孩子功课,这些"事实孤儿"普遍学习成绩较差。有的(外)祖父母甚至将对子女的不满迁怒于孩

子，用体罚孩子来约束其父母。例如，一名独自照顾孩子的外祖父，为了逼迫有毒瘾的女儿回家，常常无故殴打孩子，让其在电话里对着母亲哭泣，严重损害了孩子的身心健康。

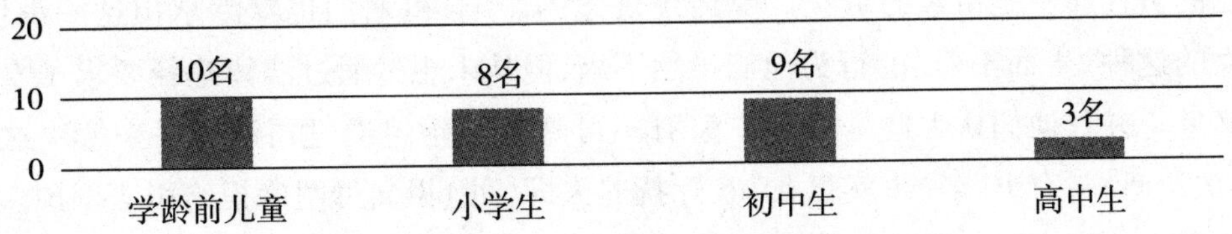

图3　“事实孤儿”年龄分布

四是缺少监护引导，行为心理存在偏差。“事实孤儿”因其长期缺乏父母的监护引导和关爱，80%的儿童学业基础较为薄弱，认识不到学习的重要性，努力程度不够；90%的儿童心理较为敏感，情感较为脆弱，尤其是父母的离开、祖辈的埋怨严重影响了孩子的心理健康，有时会仇视愤恨父母；75%的儿童人际交往存在障碍，害羞多疑，喜欢独处，拒绝与外界沟通，不易交到朋友；20%的儿童自我评价偏差，觉得自己不如别人，觉得别人关心自己是可怜自己，从而产生逆反心理，拒绝他人关怀。

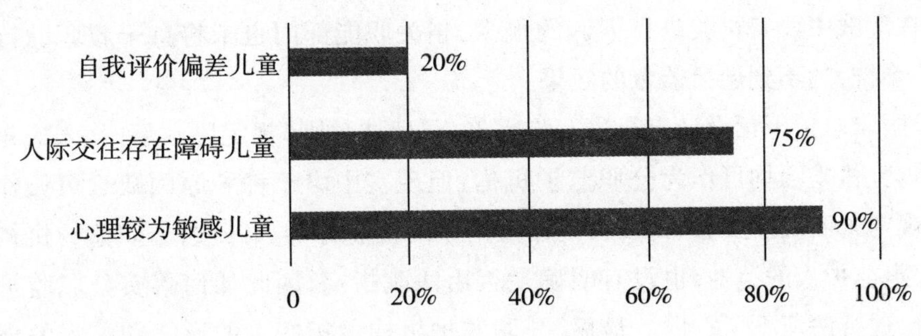

图4　“事实孤儿”心理分析

（二）“事实孤儿”出现监护困境的原因

一是传统“家本位”思想的影响。过度倚重家庭监护，家族血缘思想在几千年的历史中产生了巨大而持久的影响力，形成了“家本位”的社会模式。在这样的社会模式下，家庭被视为“私”的领域，抚养未成年人是自己的家务事，对未成年人的监管与保护仍属于亲属性、自治性、私域性的范畴。这一思想也反映到我国的监护制度中，如《民法总则》中担任监护人的顺序就是按照血缘亲疏关系来确定的。家庭是我国传统文化中的重要场所，温馨而又融洽的家庭氛围能为未成年人的成长提供良好的生存与教育环境，但“事实孤儿”的存在表明，父母无法监管和教育会直接威胁到未成年人的健康成长。同时，随着经济的发展，人口流动增速，曾经以大家庭为主的家庭结构逐渐演变以核心家庭为主，家族关系的淡化，导致这种过分依赖家庭监护的制度设计已经显得不合时宜。[①]

① 参见张露：《事实孤儿权益保障的现实困境和路径选择》，载《人民论坛·学术前沿》2018年第15期。

有部分父母虽然已经结婚成家，但是其心理上并不成熟，经济上也不能独立，依然是"啃老族"，生儿育女后将孩子丢给（外）祖父母，自己吃喝玩乐，从来没有意识到抚养子女是自己的责任而不是祖辈的责任。受传统观念的影响，祖辈们也默默承担这一重任，对于子女的这种"生而不养"的行为他们虽然不满，但从未想过通过法律途径要求子女承担抚养义务。并且他们认为这是家事，"家丑不可外扬"，拒绝通过司法程序来解决这一问题，本次调研中，有 10 名"事实孤儿"实际抚养人即（外）祖父母明确拒绝司法干预。

二是立法不完善。法律虽然规定了父母对子女有抚养的义务，不抚养子女行为严重者，可能构成遗弃罪。但是在现实生活中，经常会有"生而不养""生而弃养"的现象发生，然而，由于法律的惩戒力度不大，不足以威慑不负责任的父母。对于怠于履职的父母，未成年人如果想通过法律途径，起诉他们，要求其履行监护职责，如支付抚养及教育费用等，但是其法定代理人如何确定？按照法律规定，未成年人父母是其监护人，也是其法定代理人，但是在未成年人起诉要求父母支付抚养费的案件中，父母不能既作为原告又作为被告，因为这违背诉讼原则，那么这类案件该如何处理，目前还没有明确的规定。《治安管理处罚法》虽然规定了对这种怠于履行监护职责的行为，公安机关可以对其进行训诫，但是在实践中公安机关进行训诫的很少，相关职能部门也未将怠于履职的行为纳入个人征信系统，达不到惩治监督的效果。

三是国家监护干预设计有待进一步完善。《民法总则》规定民政部门、未成年人住所地的居委会、村委会均可作为公职监护机构，但现实中由于种种原因缺乏可操作性。首先，相关规定未明确居委会、村委会担任监护人的任职标准。其次，公职监护机构既没有被纳入法定监护人的范畴，也没有明确是否由法院指定，因此如何落实公职监护机构的监护职责，现行法留下了空白。最后，公职监护机构承担职责的形式和内容的规定多为原则性规定，宽泛的提纲性条款，模糊的伸缩性则使之难以落到实处，导致可操作性差。因此，不确定性条款极易导致机构间的相互推诿或难以适用。①

三、破解"事实孤儿"监护难题若干建议

针对"事实孤儿"监护干预工作中存在的问题，笔者建议通过加强政策宣传、明确保障对象、知悉申报程序、合力监护干预等措施进一步保障"事实孤儿"的权益。

一是加强政策宣传。借助"法治进校园"契机，加大"事实孤儿"相关政策宣传，通过开辟报纸、电台、电视、网络及新媒体等多种渠道，让受益群体都能了解这一政策，号召全社会共同关注这一弱势群体，帮助"事实孤儿"及其抚养人尽快准确知晓保障对象范围、补助标准和申请程序，符合条件的，尽快纳入保障范围，让他们共享改革发展红利。发挥该院"全国青少年维权岗"模范作用，带动引导社会爱心力量共同关心支持"事实孤儿"帮

---

① 参见张露：《事实孤儿权益保障的现实困境和路径选择》，载《人民论坛·学术前沿》2018 年第 15 期。

扶救助工作,为"事实孤儿"及其家庭提供司法保障及社会支持,助力实现精准脱贫。

二是建议由民政部门牵头召开联席会议会商解决问题。根据《关于进一步加强事实无人抚养儿童保障工作的意见》要求各相关职能部门加强合作,共同关爱这一特殊群体。由于民政部门在"事实孤儿"权益保障中起到主导作用,建议民政局牵头,联合市妇联、团市委、教育局、公安局、司法局、法院、检察院等多个职能部门,定期召开联席会议,明确各职能部门的工作职责,共同推进"事实孤儿"权益保障工作。

三是强化司法干预。对于父母一方死亡、另一方长期失踪的"事实孤儿",检察机关一方面督促职能部门积极履职,协调公安部门积极查找失踪的父(母)下落;另一方面支持起诉,对于愿意通过司法途径要求怠于履职的父母支付抚养费的,检察机关帮助其申请法律援助,指导其收集相关证据,支持起诉怠于履职的父母支付抚养费用及教育费用,同时对生活确实困难的,检察机关将启动司法救助程序,帮助其申请司法救助金,暂缓目前生活困难。建议法院为申请宣告"事实孤儿"父母失踪、死亡及撤销父母监护权等案件开辟"绿色通道",优先从快办理,为事实孤儿权益保障提供司法保护。检察机关履行好法律监督职能,督促公安机关对怠于履行监护职责的父母依法进行训诫,同时对拒不履行监护职责的,对于故意或恶意不履行监护职责等各类侵害儿童权益的违法犯罪行为,监督公安机关立案,依法追究其法律责任。

四是形成保护合力。正如最高人民检察院张军检察长在2019年10月27日《守护明天》第三季首映式上所讲"在未成年人保护中,家庭保护、学校保护、网络保护和司法保护一个都不能少,家庭保护是基础,学校保护很关键,社会保护是支撑,网络保护是重点,司法保护是保障,是未成年人健康成长的最后一道防线,只有家庭保护、学校保护、社会和司法保护共同发力,才能更好地保护我们的孩子"。"事实孤儿"的权益保障,需要全社会形成保护合力,特别是社会力量的参与。联合各职能部门、社会组织关爱"事实孤儿"的心理健康问题,带动其他社会专业力量,共同开展"事实孤儿"帮扶救助工作。

“捕诉一体”背景下命案提前介入引导侦查若干问题研究

江苏省南京市人民检察院课题组*

摘要：在“捕诉一体”机制改革和以审判为中心的诉讼制度改革双重背景下，检察机关提前介入引导侦查被赋予了新的时代内涵，命案提前介入引导侦查更是如此。因命案的特殊性，涉及生命权的保障和剥夺，民众对此类案件关注度较高，而侦查机关仍存在程序、证据、公检衔接等方面的问题，影响着命案诉讼进程和人民对司法公信力的高要求。应加强检察机关命案的提前介入、引导侦查，以提升命案审查质效，更好地发挥检察监督职能。

关键词：捕诉一体　命案　提前介入　理念引导　工作机制

命案①涉及对生命权的剥夺和保障，因此命案的办理对证据的收集固定、程序的合法有效有更高的要求。自检察机关内设机构改革以来，“捕诉一体”成为检察体制改革后的主流办案模式，由同一检察官或检察官办案组全程负责案件的提前介入、审查逮捕、审查起诉、诉讼监督等工作。而命案提前介入引导侦查，从法理上分析，既是时间、空间上法律监督职能的延伸，也是提高审查起诉效率、保证案件质量的重要保障。

---

* 课题组负责人：江苏省南京市人民检察院副检察长王珍祥；课题组成员：江苏省南京市人民检察院第二检察部主任余红；江苏省南京市人民检察院第二检察部副主任黄志坚；江苏省南京市人民检察院检察官助理吴皓月、朱静雅。本文系2019年度南京市人民检察院检察理论研究立项课题的部分研究成果。

① “命案”是指故意杀人、故意伤害、抢劫、强奸、绑架、爆炸、放火、投毒等致人死亡的八类刑事案件的统称。

一、"捕诉一体"背景下命案提前介入引导侦查的该当性

为有效保障命案侦查和审查起诉的顺利进行,提升命案质效,检察引导侦查是实践中公、检两家的惯用做法。命案的提前介入活动是引导侦查的第一步,也是引领后续侦查活动的关键,涉及侦查方向的确定、关键性证据、时效性证据的获取、证据体系的构建等,是检察引导侦查效果的直接体现。

(一)理论依据

检察机关提前介入命案侦查的理论依据主要是监督权说和人权保障说。

1. 监督权说。"分工负责、相互配合、相互监督"[①]是《刑事诉讼法》规定的公安机关和检察机关之间的应有模式,而司法实践中双方往往更强调配合而忽视监督。一方面,是因为检察官在侦查知识和经验上还存在短板,参与侦查、监督侦查的能力不足;另一方面,检察机关的监督机制还存在需改进之处,尤其是"捕诉一体"后,批捕和提起公诉由同一承办人办理,侦查监督工作有所弱化。[②]

2. 人权保障说。国家尊重和保障人权于 2004 年和 2012 年分别被写入我国《宪法》和《刑事诉讼法》。刑事诉讼中的侦查活动与人权保障密不可分,命案侦查更是如此。"命案必破""杀人偿命"等理念,充分说明了侦查机关对命案的破案压力,以及由此引发的可能存在的违法侦查行为和对人权的侵犯。检察机关作为法律监督机关,要正确履行法律监督职责,就要充分介入命案侦查,对侦查权滥用等违法行为进行必要的监督。

(二)法律基础

不论是《宪法》《人民检察院组织法》,还是《刑事诉讼法》《人民检察院刑事诉讼规则》,甚至地方出台的地方性法规,都内含命案引导侦查的必然。

1. 宪法地位。我国《宪法》规定了"中华人民共和国人民检察院是国家的法律监督机关",《人民检察院组织法》规定"对于公安机关的侦查活动是否合法,实行监督",由此可见,检察机关代表国家行使法律监督权,对侦查机关的侦查活动进行监督和制衡。

2. 部门法地位。我国《刑事诉讼法》第 87 条规定,"人民检察院可以派人参加公安机关对于重大案件的讨论"。《人民检察院刑事诉讼规则》第 256 条规定:"经公安机关商请或者人民检察院认为确有必要时,可以派员适时介入重大、疑难、复杂案件的侦查活动,参加公安机关对于重大案件的讨论,对案件性质、收集证据、适用法律等提出意见,监督侦查活动是否合法。"这里明确提出了"适时介入""侦查活动"。

3. 各地的地方性规范性文件。全国范围内部分省检察机关联合当地公安机关、法院陆续出台了相关命案介入侦查的文件。2013 年北京市检、法两家出台《同步介入监督命

---

① 《刑事诉讼法》第 7 条。

② 参见王永彬:《检察机关提前介入命案侦查问题研究》,吉林大学 2017 年硕士学位论文。

案侦查实施办法》,同年山西省出台了《关于检察机关派员介入公安机关命案侦查工作的规定》,吉林省人民检察院和省公安厅联合出台了《提高命案办理质量的指导意见》并下发了《关于进一步规范检察机关介入侦查、引导取证工作的指导意见》。南京市人民检察院和市公安局联合会签了《关于重罪案件提前介入工作办法》,南京市秦淮区人民检察院制定了《关于办理刑事犯罪案件提前介入工作细则》。

(三)实践需求

一是以审判为中心诉讼制度改革的必然。以审判为中心,侦查和检察共同构成与审判程序对应的"审前程序",侦查为公诉做准备,公诉指导、监督、制约侦查取证,两者共同为审判服务。[①] 而命案的审判更注重证据的确实充分,程序的正当,因此对命案的侦查取证要求更高。检察机关介入命案引导侦查过程中,不仅能够做好个案引导侦查,收集、固定证据,为审判做准备,更能做好审判中心理念的传导者角色。

二是"捕诉一体"改革后顺畅捕诉衔接的有效手段。"捕诉一体"改革后,审查逮捕和审查起诉原则上由同一部门的同一承办人负责。与以往捕诉分离相比较,捕诉衔接更加顺畅,办案标准进一步得到统一,案件质量进一步得到保障。因命案的特殊性,检察机关介入引导侦查,能够在批捕阶段甚至批捕之前,要求公安机关按照审查起诉的要求收集、固定证据,提高证据标准,为审查起诉做准备。

三是保障检察监督权的有效行使。传统的监督都是事后监督或者静态监督,检察机关介入引导命案侦查,能够延伸检察监督的触角,深入侦查活动中,并对侦查活动实时同步、动态的监督,是全方面、全过程的监督和实质性监督,可以较好地弥补普通监督方式的滞后性。

二、侦查机关在命案侦破中存在的问题及成因分析

补充侦查率高,效果不理想,是公检工作对接的一大难题。南京市检察机关 2018 年一审刑事案件一次退回补充侦查率[②]为 17.88%,二次退查率为 7.27%,其中侵犯公民人身权利、民主权利犯罪占比 27.63%。

(一)存在的问题

1.侦查取证行为不规范

在命案侦查中,侦查人员往往存在取证不合法、不及时、不全面的问题。在合法性方面,为追求快速破案,侦查不规范的情形时有发生,如不间断讯问时间过长,产生证据合法性争议;进行现场搜查、勘验时既没有同步录音录像,也没有见证人在场或者见证人的身份不符合法律规定,导致证据瑕疵;询问证人没有在规定场所,导致一些有价值的证人

---

① 参见朱新航:《以审判为中心视野下的公诉引导侦查》,载《法制博览》2019 年第 13 期。

② 退查率 = 退查件数/(上年度未结数 + 当年度受理数)×100%。

证言证明效力被削弱等。在及时性方面,现场勘验不及时,导致案发现场被破坏,后期取证成为不可能;没有及时对案发现场的知情人员进行询问,事后难以再获取有价值的证人证言,甚至丧失破案线索,成为悬案;调取监控视频不及时,导致视频因超过保存期灭失,可能因此而失去定案的关键性证据;物证来源不清,对收集的物证未经鉴定和辨认,为犯罪嫌疑人后期翻供埋下了隐患;对电子证据缺乏提取意识导致证据锁链不完整等。在全面性方面,对现场的物证和痕迹证据没有全面提取;重视收集证明犯罪嫌疑人有罪和罪重的证据,忽视无罪、罪轻的证据,有罪推定的执法理念依旧根深蒂固,在一些涉及正当防卫的命案中,因侦查阶段不重视对防卫证据的收集,导致在审查起诉阶段,因证据缺失使案件的定性存在疑难和争议。

2. 重搜证轻保存

对涉案的物证、痕迹资料、视听资料、笔录等应当以适当的方式谨慎保管,但在命案侦破的实践中,由于一些命案的侦破时间跨度比较大,属于陈年积案,个别证据因保管不当而灭失。还有一些涉案证据因保管不当而失去了鉴定价值无法证明案件事实,使得案件在移送起诉后检方处于被动状态,严重时甚至使有罪之人因证据不足而逍遥法外。

3. 文书制作不规范

从命案侦查的实践来看,存在询问笔录质量不高,讯问笔录瑕疵多的情形,使证据的效力大打折扣,甚至导致不能作为证据使用。从形式上看,有的案件没有询问通知书,缺少证人、被害人权利义务告知书,笔录修改的地方没有捺印确认等;有的案件讯问笔录不记录饮食休息情况;同步录音录像没有完整的体现讯问过程等。从实质上看,询问笔录往往对证明案件事实起到至关重要的作用,而若因程序问题导致效力瑕疵,不仅浪费人力、物力,也会对案件的定罪量刑带来不利的影响;讯问笔录的瑕疵往往使得侦查活动的合法性受到质疑,不能全面、客观地反映案件事实,从而影响证据的效力。

4. 责任意识缺失

在命案提前介入引导侦查的司法实践中普遍存在重介入、轻反馈的问题,又因缺乏刚性的制约机制,侦查机关不重视落实检察机关的监督引导。命案发生后,往往不及时通知检察机关案件的侦查进展情况,对于检察机关的侦查意向书、补充侦查提纲以及纠正违法通知书不够重视,追求侦破案件,而不是以审查起诉的标准来要求侦查工作,侦查工作更像是整个刑事诉讼活动的中心部分,其他诉讼活动反而像是对于侦查的配合。同时,命案的管辖应在市一级公安机关,但是由于办案力量、考核等因素导致实际办案主体下沉至基层,办案主体混乱导致存在侦查人员责任意识不强的问题。

(二)成因分析

1. 没有适应"以审判为中心"的诉讼制度要求

以审判为中心,指的是审判程序是中心,只有审判程序才能确定刑罚权之有无及其范围之大小,侦查作为审前程序要受审判程序的制约和影响,[①]侦查机关收集的证据要能满足审判的需要,而部分侦查人员将工作重心放在侦破案件和抓捕犯罪嫌疑人上,对证据体系缺乏有效的认知,对于客观、全面、及时获取证据的意识比较薄弱,满足于构建的证据体系达到逮捕移诉的要求即可。

2. 一些侦查人员的法律专业化水平有待提高

一些侦查人员并非法学专业出身,也未通过司法考试,在办案中很难用犯罪构成理论去指导自身的侦查行为,这也必然带来取证的不严谨以及文书制作的不规范等问题,对检察机关的补充侦查提纲,在具体落实的时候总会存在执行瑕疵。

3. 警力不足问题较为突出

中国作为人口大国,侦查人员所占的比重极少,正式在编的全国不超过一千万人,按人口数平均下来,刑警的压力可想而知,因为命案的特殊性,侦查机关比较重视,会在一段时间内集中精力去侦破案件,但是囿于办案人手不足的现实困境,持久战并不现实,所以在案件侦破后,后续的取证工作因人手调度问题,存在拖延和质量瑕疵。

4. 命案提前介入引导侦查缺乏法定层面的统一规范

检察机关对公安机关的命案监督缺乏具体的法律依据和有效的制裁措施。监督不具有权威性和约束力,对侦查机关执行瑕疵没有行之有效的措施去纠正和惩戒。提前介入侦查活动和引导侦查的范围和方式都很受限,较为被动。检察机关命案介入工作方式,各地司法实践大体上分为两种:一是案件办理上,查看案卷材料,参与案件讨论,参与现场勘验、搜查,旁听询问和讯问,参与部分侦查活动,提出侦查意见和建议等;二是法律监督上,对侦查机关的侦查行为进行动态监督。但对于具体的工作流程规定不明,如参与案件讨论机制,参与命案侦破的范围及时间,违反行为规范的惩戒机制等。

三、检察机关在“捕诉一体”模式下提前介入引导侦查的建议和对策

“捕诉一体”实质是检察机关内部职权的重新组合,目的是建立起一种由起诉统率侦查,侦查服务于起诉的新型办案机制。[②]“捕诉一体”有利于公诉引导侦查、侦查监督,保障办案质量,提高诉讼效率和质量,改善庭审效果,降低司法标准。构建科学合理的命案侦查监督制度是我国民主法治发展以及“审判中心主义”诉讼制度的必然要求。因此,针对命案侦查监督的现状,提出以下几点建议:

---

① 参见钱亚祥等:《“以审判为中心”视角下审查起诉环节证据审查研究》,载《检察研究》2018 年第 6 辑,法律出版社 2018 年版。

② 参见许永俊、王宏伟:《捕诉合一办案机制研究》,载《国家检察官学院学报》2001 年第 1 期。

(一)加强理念设计,严格把控监督尺度

1. 转变自身引导侦查理念

人民检察院对命案进行监督,提前介入案件,并不是代为履行侦查职权,而是对命案侦查工作提出意见和建议,为命案侦破和取证提供思路和方向,保证侦查取证行为的合法性、全面性、及时性。"捕诉一体"模式下,批捕权和公诉权集于办案检察官或者办案组一身,在胜诉欲望的导向下,可能会通过降低批捕条件来保障侦查活动的顺利进行,从而侵犯犯罪嫌疑人的人身自由。因此,检察机关在履行监督引导职能时要严格地把握尺度,避免权力滥用。命案提前介入引导侦查要明确介入原则,既不能缺位,也不能越位。"捕诉一体"模式下,要注意区分证据标准,不能将逮捕阶段的证据标准与起诉阶段的证据标准混为一谈,同时要遵循"少捕慎捕"的刑事政策,避免批捕追诉化的现象。同时,也要延伸检察触角,最大限度地接近全程监督,①不仅在提前介入阶段要对侦查机关的侦查取证行为进行监督,在审查逮捕、审查起诉阶段也要全程监督,贯彻始终。

2. 加强对侦查机关的理念引导

命案提前介入不仅要引导具体承办案件的侦查员的侦查思路,更要引导公安机关的命案侦查理念,通过建立个案指引、类案侦查引导、定期授课、组织庭审旁听等形式加强对侦查人员执法理念的引导,转变一捕了之,捕后不管的理念。要更多注重审判中心理念的渗入,逐步统一公、检、法三家的证据标准、办案标准。

(二)完善工作机制

1. 命案提前介入工作具体程序设计。(1)介入人员。经分管领导批准,指派检察官或检察官办案组介入。由检察官办案组介入的,应当指定部门负责人担任主办检察官,组织、指挥办案组开展提前介入工作。实行一案到底负责制,提前介入的承办人员也是日后审查批捕阶段、审查起诉阶段的承办人员。(2)介入时间。以有利于案件办理为原则,一般应当在侦查机关立案后介入,由侦查机关通知检察机关。但因命案的社会影响重大,可以一经发现,主动介入,随时介入。(3)介入重点。应当重点审查侦查行为合法性、客观性,证据收集的完整性、及时性,以及笔录制作的规范性,有同步录音录像的要及时调取查看核实。(4)介入工作方式。应主要包括:听取案件经过及侦查情况介绍;查看现场、作案工具;参加案件侦查分析会议;审查现场勘验报告、尸体检验报告、相关鉴定结论等证据;观看审讯录像或审讯过程;审查讯问犯罪嫌疑人、询问证人笔录。(5)书面介入报告及反馈。检察官应当将提前介入的工作情况、案件的基本情况、存在的主要问题、有关分歧意见、需要提出的意见建议等形成工作报告。经分管检察长批准,书面向侦查机关反馈意见和建议。

---

① 参见吴高飞:《论法律监督语境下的补充侦查体系化建设》,载《检察研究》2018 年第 6 辑,法律出版社 2018 年版。

2. 配套工作机制。(1)建立同步审查制度。会商公安,与公安建立命案同步审查机制。建立命案立案及时通报制度。公安机关决定立案时,将立案决定书抄送同级人民检察院,以便检察机关第一时间掌握案件情况,对立案进行监督。建立信息互联互通,构建公安与检察机关的信息联网平台,通过联网平台检察机关可以清晰共享案件的侦查阶段及证据的收集情况,以便及时有效地进行监督和案件指引。(2)建立重大侦查活动告知制度。确立检察机关对侦查机关重大立案侦查案件的知悉权,建立重大侦查活动告知制度,公安机关在进行重大侦查活动时,如尸体解剖、现场勘验时,应事先告知检察机关派员参加,以便检察机关及时协助公安合法全面细致地收集证据。(3)建立案件常态联席会议制度。公安机关负责人在听取侦查人员汇报案情或集体分析研判案情时,可通知检察机关派员参加,检察官可以听取案情介绍、听取侦查人员的意见、对案件事实和法律问题进行提问,经部门负责人或检察长同意,待汇报后发表意见。形成会议记录的,检察官应签字。(4)建立跟踪反馈机制。与侦查机关会签文件,定期通报命案侦查取证落实情况、引导侦查意见落实情况等。检察机关要与侦查机关定期开展通报会,双向通报、反馈侦查取证工作中存在的共性问题,同时总结推广成功经验。

(三)实施刚性的监督策略

实务中,虽然检察机关可以通过发送检察建议、纠正违法通知书等方式对公安机关的命案侦破进行监督,但由于缺乏相应的惩戒机制,使命案监督工作存在“软弱无力”的现状。只有明确违法办案人员不履行职责所要承担的法律后果,才能保障监督的有效性,这需要加强与公安的协商合作,制定相应的制裁措施。比如,对屡次违法,不接受监督的侦查人员,检察机关有权以建议书的形式更换办案人员;对于拒不执行纠正违法意见书而又没有正当理由的侦查人员,检察机关有权向侦查机关发出处分建议等。

(四)夯实引导命案侦查的能力基础

命案提前介入引导侦查最终还是要通过具体的员额检察官去实施,员额检察官素质的高低直接影响引导侦查的效果。检察官不仅要具有过硬的法律素养、构建完善证据体系的能力以及成熟的法庭应对能力,还需要加强命案引导侦查的能力,增强侦查业务和侦查技巧的能力。建议从以下几个方面着手:一是坚持专业分类办案制度,分案件类别进行专业化人才培养,在命案提前介入时,根据不同的类别,选派专业检察官介入指导,并建立长期联络人制度;二是增强对侦查知识的培训,包括侦查业务知识和侦查技巧,打破侦查与检察的知识壁垒;三是建议公诉人到侦查机关挂职锻炼,通过参与命案侦查活动,办理刑事案件,提升引导侦查的能力。

重大刑事案件检察引导侦查研究

金庆华　陈　浩*

摘要:在以审判为中心的诉讼制度改革背景下,庭审对重大刑事案件的证据标准和规范化程度提出了更高的要求。检察机关作为法律监督机关,应当贯彻证据裁判规则,发挥审前主导作用,强化与侦查机关的对接和引导,向侦查人员传递证据标准和审判要求,确保侦查机关规范办案。在充分认识检察引导侦查必要性基础上,应进一步健全和完善检察引导侦查制度,防范非法证据进入审判环节,提升司法办案质量。

关键词:重大刑事案件　证据裁判　引导侦查

一、重大刑事案件中检察引导侦查的内涵探讨

所谓"引导",从字面含义上分析,有"带领、向导"的意思。目前,我国现行法律尚未对重大刑事案件中的"检察引导侦查"作出明确规定,但是该项机制从产生、发展直至推广,都与法学理论的进步紧密相连。从司法实践层面,从地方的有益探索,逐步发展到由最高人民检察院推动建立重大疑难案件侦查机关听取检察机关意见和建议制度,都为推进检察引导侦查工作的进展打下基础。

(一)检察引导侦查在重大刑事案件中的必要性分析

1.检察引导侦查工作的客观条件分析。重大刑事案件往往具有重大、疑难、复杂的特点,因各地实际情况存有差异,对重大刑事案件的范畴认定难以一概而论。在上级检察机关尚未作出明确规定的情况下,建议由各地综合考虑犯罪手段、造成的社会影响、社会关注度、涉案金额、案件复杂程度等因素,在全面分析发案特点的基础上进行认定。以笔者所在的镇江市人民检察院为例,引导侦查主要针对危害公共安全、故意杀人、抢劫、毒品犯罪等可能判处无期徒刑以上的犯罪或者重大涉黑、涉恶等具有一定社会影响的案

---

* 金庆华,江苏省镇江市人民检察院第二检察部主任;陈浩,江苏省镇江市人民检察院检察官助理。

件。该类案件的特点是案件本身有特殊的情况、情节复杂疑难，或者案件牵涉面广、造成很大的社会影响、引发广泛的社会关注等。侦查机关通常承受较大的外在压力，相较于普通刑事犯罪，在事实认定和证据审查上面临更严格的办案要求。①

2. 检察引导侦查工作的法律依据。检察机关与公安机关是相互配合、相互制约的关系，检察机关作为法律监督机关的宪法定位，应当发挥审前过滤作用，依法对侦查取证行为的合法性进行监督，防止非法证据进入审判环节。另外，我国《刑事诉讼法》和相关司法解释中相关条款涉及检察机关参与侦查的内容，为重大疑难案件适用检察引导侦查机制提供了法律依据。例如，根据《人民检察院刑事诉讼规则》第 256 条的规定，“对于重大、疑难、复杂案件，人民检察院认为确有必要时，可以派员适时介入侦查活动，对收集证据、适用法律提出意见，监督侦查活动是否合法”。《最高人民检察院关于切实履行检察职能防止和纠正冤假错案的若干意见》第 18 条中也规定，“对命案等重大复杂案件、突发性恶性案件、争议较大的疑难案件、有重大社会影响的案件，应当与侦查机关协商，及时派员介入通过介入现场勘查、参加案件讨论等方式，提出取证意见和适用法律的意义，引导侦查人员依法全面收集、固定和完善证据，防止隐匿、伪造证据”。

3. 检察引导侦查的司法实践依据。检察机关对侦查工作进行引导，不但可以为收集、固定证据出谋划策，也可以有效防止非法证据的产生，有助于检察机关与公安机关资源互补，树立司法权威，促进司法公正，提高诉讼效率。公安机关具有专业的设备、人员和技术，在实施抓捕、审讯谈话、现场勘验、检验鉴定等方面能力较强，但是侦查人员长期受“重实体、轻程序”、片面追求破案率等传统办案理念的影响，证据意识、程序意识、全面意识、庭审意识相对淡薄，往往对证据收集的有效性和合法性思考较少；而检察人员具有较高的法律适用水平和解决法律问题的能力，但是缺乏具体侦查技能。

对此，检察机关与公安机关加强对接，构建完善检察引导侦查机制，不仅是共建“法律职业共同体”的要求，也能充分发挥各自优势，一是把庭审的要求传递到侦查环节，侦查方向更加明确，有利于打击犯罪；二是检察机关的及时介入，有助于审查非法证据关口前移，排除案件瑕疵，有力保护涉案人员法益；②三是提高诉讼效率，减少程序回转。“迟到的正义非正义”，办案的效率也是办案是否公正的重要体现。引导侦查工作有力推进，可以促使侦查机关的取证工作更具有指向性和针对性，确保主要证据的收集工作在侦查阶段完成，避免补充侦查、撤回起诉等导致程序回转的现象。③ 上海、江苏、河南等地检察机关均针对重大刑事案件建立了介入侦查、引导取证的工作制度。

---

① 参见郭爱：《重大疑难案件侦查机关听取检察机关意见和建议制度的调查与思考》，载《法制与社会》2017 年第 24 期。

② 参见吴杨泽：《论检察机关的提前介入机制》，载《重庆理工大学学报》2017 年第 2 期。

③ 参见王贞会：《重大疑难案件检察引导侦查制度探讨》，载《人民检察》2017 年第 9 期。

(二)检察机关在引导侦查工作中的职责定位

1. 检察机关引导侦查工作的思路。检察机关对侦查工作的引导,应当坚持自身的独立性、客观性和中立性。一方面,检察机关的引导并不是直接干预办案或者领导、指挥甚至取代侦查机关办案,而是依法介入后,围绕符合批捕和起诉条件的证据标准,及时参与到案件的侦查工作。① 检察机关以引导侦查的形式参与办案有别于直接承办案件,应当受到一定约束。例如,检察人员不得主动或者受托代替公安人员实施侦查行为;参加公安机关的案件讨论时,检察人员不得对案件的后续处理决定作出口头承诺,或者未经请示公开发表意见。另一方面,要保持一定的刚性和制约力。检察机关的引导还包括对侦查行为的法律监督,另外对办案工作提出意见、建议,虽不是对案件下结论,但也不能流于形式,对于检察机关针对案件办理提出的意见和建议,侦查机关不予采纳或不予执行且无法作出合理解释,导致案件出现质量问题或者违法违规情形的,应当承当相关责任。

2. 检察机关引导侦查工作的目的。检察机关适时开展引导侦查工作,源于对证据裁判原则的考量,希冀通过引导侦查,帮助侦查机关依法、全面、精准开展取证工作,防止在侦查终结之后的刑事诉讼流程中因为证据问题导致存疑,影响案件质量。从法定职责和业务能力的角度来说,公安机关负责案件的侦查工作,且公安机关办案人员长期从事一线侦查,其从事案件分析、审讯、搜查等业务能力无疑要比检察人员高,因此检察人员的工作侧重点不在于指导个案的具体办理或者直接参与办案,而是履行法律监督职责,对案件进行整体把握,将庭审要求和证据标准传递到侦查阶段,并对证据的"三性"尤其是合法性进行审查,审查有利于和不利于犯罪嫌疑人的证据,在源头上把好证据关口,并对侦查活动进行监督。

3. 检察机关引导侦查工作的方式。检察机关引导侦查的主要任务体现在查清事实、锁定证据以及法律监督。在实务操作上,法律没有穷尽具体的引导形式,但是检察机关应当在法律授权的框架内,在不干预、不越权插手公安机关正常履职的前提下开展工作,引导方式和内容不必面面俱到,主要是紧扣证据的客观性、关联性、合法性来引导侦查,避免出现侦查思路主观臆断化、侦查方向盲目性以及违法违规取证等情形,具体形式主要表现为提前介入、召开联席会议、要求侦查机关听取意见建议、充分阐明自己的观点和依据,帮助侦查机关明确侦查方向和办案思路。在引导过程中,对于双方在案件定性、关键证据认定、适用法律等重大问题存在分歧的,应当及时沟通协调。另外,检察机关在引导过程中除了提出意见、建议,法律监督也是重要职责,可以立案监督、纠正违法等方式进行监督。

---

① 参见吴真文、龙清海、樊舸:《检察引导侦查的法理阐释及制度完善》,载《湖南税务高等专科学校学报》2014年第3期。

二、检察引导侦查工作面临的实践困境

检察机关引导侦查工作的探索实践已经开展多年，虽然从基层检察机关到最高人民检察院均进行了有益探索，包括与侦查机关构建衔接机制、出台一些规范性文件，但是在法律层面尚未制定关于引导侦查工作的详细规定，且现有规定也存在一定的问题。一是相关条款的规定相对笼统、原则，实用性、可操作性不强；二是相关规定较为零散，没有形成体系，对检察机关的引导方式、引导内容、法律效力等语焉不详；三是“检察引导侦查”涉及侦查权和检察权的权力配置、运行和衔接，而司法权从根本上来说属于中央事权。① 部分地方检察机关，如江苏、河南虽然协同公安机关制定了相关文件，但是法律层级相对较低，权威性不足。关于立法层面的问题，笔者不再赘述，在此主要从实务层面分析检察机关在引导侦查工作的司法实践遇到的困难。

（一）检察人员对侦查工作的介入程度问题

鉴于宏观制度设计和个人认知的差异，部分检察人员在执行引导侦查工作机制的过程中，往往难以把握引导侦查的“度”，呈现以下两种极端情况：

1. 引导工作介入过深。认为检察引导重大刑事案件的侦查工作，实际上公安机关和检察机关联合成立专案组办案的举措，主要任务是惩治犯罪，从而在实践中重配合、轻监督，甚至把自己定位为侦查人员直接参与办案工作，对案件证据是否符合批捕、起诉的条件随意发表意见。没有做到“参与而不干预，引导而不主导，讨论而不定论”。

2. 引导工作浮于表面。片面认为侦查阶段由公安机关负责，案件的侦查和取证是公安人员的职责，在侦查阶段的引导工作并非硬性规定，是可有可无的，可以等到案件移送审查起诉之后再提意见、建议，从而没有动力和压力进行引导和监督，导致该项机制流于形式。②

笔者认为，上述两种观点均不符合检察权运行独立性、中立性和检察官客观公正义务的要求，应当予以纠正。

（二）检察人员对引导侦查机制的执行成效问题

1. 部分检察人员引导侦查工作的主动性不强。重大刑事案件周期长，压力大，且检察机关普遍处于办案任务重的状况，致使检察人员忙于在手案件之余，缺乏足够的精力和意愿进行引导侦查，同时也出于对自身业务能力不自信，担心发表意见不准确、不到位。

2. 部分检察人员引导侦查的定位不准。部分检察人员存在理念偏差，仅仅关注侦查

---

① 参见《中国的司法权从根本上说是中央事权》，载《人民日报》2014 年 1 月 22 日。

② 参见山西省太原市人民检察院课题组：《检察机关提前介入“命案”侦查工作机制研究》，载《中国检察官》2013 年第 6 期。

方向和侦查内容，把引导的重心放在破案上，对法律监督和涉案人员的人权保障关注不足。

3. 部分检察人员的引导侦查能力不足。随着司法改革的进行，员额检察官在办案中有了一定的自主权，但是基于个人之间工作经验、业务能力、认知和沟通能力的差异，引导侦查工作的水平和成效过多依赖于检察人员的个人业务能力和政策、法律水平。

（三）检察引导侦查工作的法律保障和强制力问题

检察机关对侦查工作的引导并不改变侦查机关的职能定位，公安机关在诉前的法律地位也不会受到影响。因此，检察机关在完善证据方面提出的意见和建议在实质上应当属于建议权，公安机关可以自主决定是否采纳。鉴于现行立法尚未对公、检双方在该项工作的职责、义务以及追责等方面作出明确、细致的规定，导致检察机关依法提出的合理建议或意见得不到法律的保障，对公安机关无正当理由拒不接受检察机关意见的情形，缺乏有效制约。在法律保障不健全的情形下，检察机关的意见或者建议能否被公安机关采纳往往更多地取决于双方关系的融洽程度，这就影响了司法办案的严肃性和公信力。

三、完善检察引导侦查机制的相关思考

2019 年以来，各级检察机关已陆续完成“捕诉合一”的内设机构改革，“谁批捕、谁起诉”的办案规则要求检察人员介入重大刑事案件的节点提前，通过走访现场、参与勘验、检查等活动，将起诉、审判的证据标准传递至侦查阶段，有助于引导公安机关明确侦查方向，帮助完善取证工作。对检察机关自身而言，掌握了第一资料，对在案证据有了更深化的认识，通过与侦查人员近距离、面对面的沟通，互换意见看法，有助于筑牢证据体系。在上述过程中，办案模式的改变也将导致与侦查机关相关配套机制发生变动。在此，笔者建议进一步完善以证据为核心的检察引导侦查工作机制，提升引导成效。

（一）优化重大刑事案件的沟通衔接机制

1. 对部分重大刑事案件调整管辖。按照原有的办案模式，对于故意杀人、故意伤害致人死亡等命案，抢劫、毒品犯罪等可能判处无期徒刑以上的重大刑事案件由属地公安机关立案侦查后移送同级检察机关批捕、起诉，后者再移送至上级检察机关办理。为适应“捕诉合一”的内设机构改革，建议上级检察机关与公安机关加强调研，对重大刑事案件的管辖衔接机制进行优化。例如，镇江市检察院牵头与法院、公安机关研究会商，联合印发《关于调整完善〈关于进一步明确刑事执法工作有关事项的通知〉的通知》，规定重大刑事案件由属地公安机关侦查终结后，直接移送至市级检察院批捕、起诉，不再由基层检察院受理。管辖机制调整后，市级检察院的办案人员可以尽早介入，一方面，尽早熟悉案情、熟悉证据，提升办案节奏，缩短办案周期，保障效率。另一方面，通过引导侦查，帮助公安机关明确侦查方向，减少无效侦查，优化办案资源，夯实案件质量，确保公正。同时，需要进一步完善与公安机关的重大案件和信息通报机制，确保检察机关第一时间掌握重

大敏感案件,做好后续准备工作。

2. 规范对重大刑事案件的提前介入工作。对提前介入工作的标准化、规范化和体系化进行探索,重点从以下几个方面进行规范:

(1)规范介入和反馈的形式。公安机关邀请检察机关提前介入重大刑事案件时,应当制作书面邀请函并附有案件情况说明。检察机关在反馈时,应当将相关意见和建议汇总、整理,形成书面的意见书或者建议书送达公安机关。

(2)确定介入侦查的检察人员。根据相应案件的具体情节,确定实施介入的人员。例如,参考案件的法律后果、社会影响力、社会关注度,指派员额检察官、部门负责人、院领导牵头介入刑事案件。

(3)规范提前介入的方式。包括但不限于听取案件介绍、查看犯罪现场、询问侦查人员、参加案件会商,但是不得以办案人员身份直接参与讯问、询问等侦查工作。

(4)规范意见建议的内容。以案件定性、法律适用以及证据收集问题为重点,同时适时开展法律监督,对证据收集、强制措施适用、侦查措施活动是否合法合规进行审查,及时发现和纠正侦查活动的违法行为。

规范提前介入引导侦查,提出明确指导意见,有助于明确案件定性和取证方向,及时会商消除分歧,保证侦查取证有的放矢、不走弯路。如笔者所在检察机关在办理杨某等人涉黑涉恶犯罪案件中,提前介入该案办理,多次与侦查机关召开联席会议,就黑恶势力的发展过程、组织特征、牟利手段等内容进行研判。其间,公、检双方对杨某等人是否构成黑社会性质组织产生重大分歧,检察机关认为该案组织特征、经济特征和危害性特征均有所欠缺,根据现有证据不宜认定为黑社会性质组织犯罪。最终,公安机关同意检察机关意见,认定杨某等人构成恶势力犯罪,该案 25 名涉案人员均获有罪判决。该案入选最高人民检察院发布的检察机关开展扫黑除恶专项斗争典型案例。

(二)强化重大刑事案件的退查引导机制

公安机关侦查终结后,并非意味着引导侦查工作的终结,一方面,因为重大刑事案件本身对证据标准要求较高;另一方面,受传统考核机制和侦查观念的影响,部分侦查人员片面注重案件报捕,对捕后的侦查取证工作重视不足,导致移送审查起诉的证据与报捕时的证据相比,进展有限。[①] 因此,为确保证据符合起诉条件,避免非法证据或者瑕疵证据进入审判环节,检察机关对审查起诉过程中发现的事实不清、证据不足的,应当依法退回公安机关补充侦查或自行补充侦查。

1. 推进引导退查工作实质化。补充侦查的成效依赖于公安机关对补查必要性的认识,部分侦查人员片面认为其职责限于侦查阶段,案件只要能提起公诉、得到有罪判决就可以了,对在退查中对证据锁链的完善,证据证明力的提升重视不足,也就影响了退查工

① 参见赵丽霞:《检察机关建立新型引导侦查工作机制的思路和办法》,载《河南法制报》2018 年 12 月 24 日。

作的成效。[①] 另外,部分检察人员对补查工作的认知存在误区,将补充侦查工作视作“倒时间”“走程序”,在退查提纲中往往大而化之、泛泛而谈,缺乏针对性和实用性,致使对退查工作的引导浮于表面。对此,建议从以下方面予以完善。

(1)健全案件退查必要性的审批机制。对补充侦查工作开展专题调研,建立办案时限监控机制,降低“案件比”的指标,对于拟一退案件,由部门负责人组织员额检察官讨论研究退查必要性;对拟二退案件,在形成部门讨论意见的基础上,需要向分管领导汇报,避免以退查为名与公安机关“互借时间”的现象,实现“简案快办、繁案精办”的目标。

(2)提升补充侦查提纲的规范性和针对性。按照上级院部署,将“方向、定性、目的、意义”的硬性要求落实到补充侦查提纲的制作,把退回补充侦查的理由以书面形式讲深、讲透,向侦查人员传递起诉标准对证据的要求,让其充分理解当前证据情况的不足以及对案件的影响,进一步明确补查的方向和意义,从而提升侦查人员开展退查工作的必要性和主动性。同时,在引导退查工作中开展诉讼监督。落实张军检察长“在办案中监督,在监督中办案”的司法理念,对于退查后,侦查人员仍然退而不查、补查不力等消极侦查、怠于侦查的情况,及时向公安机关纠违或者发出检察建议,倒逼侦查人员提高补充侦查成效。

2. 适时开展自行补充侦查工作。自行补充侦查是法律赋予检察机关的重要职权。检察人员敢于疑证据、找证据、查证据,探索开展补充侦查工作,有利于避免补查不及时,造成贻误证据收集的结果,从而提高办案质量和效率,体现检察权威。

(1)针对部分类型案件专项开展补充侦查。主要是侦查办案周期冗长或者办案人员存有侦查违法情形的案件。例如,侦查机关撤回的案件,退查未重报的案件以及久侦不决、怠于侦查的案件,侦查取证活动有违法情形发出纠违未有回复的案件等,上述案件情况不适宜由公安机关继续侦查。另外,还包括发现或者收到关于侦查人员在办案过程中存有刑讯逼供、暴力取证、徇私枉法、徇情枉法等影响案件公正、公开处理的违法犯罪线索的案件。

(2)探索以专业化为导向的办案模式。充分运用机动侦查权和自行侦查权,加大检察机关自行侦查力度,探索在相关职能部门内部根据实际情况以及案件复杂程度设置特别侦查组或者侦查团队,团队成员可以由案件审查人员担任也可以另行抽调人员专门负责,强化案件质量。例如,笔者所在检察机关在办理一起重大毒品案件过程中,发现公安机关未对涉案人员范某报请批准逮捕。经审查,范某否认其有犯罪行为,且有同案犯张某(范某配偶)供述范某虽然与其同行至广东省某地,但并未参与毒品犯罪,公安机关认为证据不足,未向检察机关报捕。为查清案件事实,检察机关决定以查证范某是否参与贩卖毒品为切入口,抽调业务骨干成立专门办案组,在范某拒不认罪的情况下,通过调取

---

① 参见洪顺珠、林志伟:《公诉环节自行侦查权刍议》,载《中国检察官》2018 年第 4 期。

筛选比对转账记录和通话记录、协调借助公安机关技侦手段甄别语音通话、加大对毒品交易下家讯问力度等方式，补充完善相关证据材料 10 余份，形成完整证据锁链，依法对范某追加逮捕，并提起公诉。

(三)完善引导侦查工作的约束和追责机制

检察机关引导的侦查的意见、建议在性质上应属于建议权，强制性相对欠缺，难以保障检察机关的意见和建议得到有效落实，同时也缺乏对检察机关开展引导侦查工作的监督和制约。对此，检察机关应当与公安机关强化对接，在构建对接协作机制的基础上，进一步完善有效的制约和问责机制。具体而言：

1. 准确把握引导程度。检察机关与公安机关应当对引导侦查工作取得一定共识。一方面，对案件范围和程度应有相应限制，如对事实清楚、证据较为充分的命案等案件，检察机关没有必要深度介入。另一方面，应当明确双方责任和职能，检察机关在提出意见、建议之前，应当与公安机关进行联席会议讨论，对公安机关提出的异议应当如实记录。① 公安机关未提出异议，同时无合法合理事由拒绝执行或怠于履行的，应当向检察机关说明情况。

2. 强化问责追责工作。一是探索争端解决途径。同级公安机关、检察机关应当如实记录双方的意见、建议和观点，实现相互监督。对于双方在案件定性和关键证据等重要问题无法达成共识的，应当各自向上级主管单位汇报，由上级单位牵头听取案件汇报。二是对于在引导侦查工作中发现检察人员、公安人员存在的违法、违纪办案的情形，应当依法移送纪检监察部门。三是对检察人员、侦查人员出现明显失误或者重大瑕疵等情形，导致引导侦查不力或者落实意见不到位，严重影响案件质量的，应当及时予以纠正并根据具体情况追究相关办案人员责任，确保引导侦查工作落到实处。

---

① 参见郭爱：《重大疑难案件侦查机关听取检察机关意见和建议制度的调查与思考》，载《法制与社会》2017 年第 24 期。

司法渎职侵权犯罪留置与刑事强制措施衔接问题研究

江苏省淮安市人民检察院课题组*

摘要：目前对留置和刑事强制措施的衔接研究主要集中在监察调查和审查起诉的前后程序的转换，《刑事诉讼法》修改后赋予了检察机关司法渎职侵权领域的部分侦查权，其中也涉及监察机关、检察机关对相同对象的分别立案所产生的留置和刑事强制措施的选择适用，需要开展相关的调查研究，以更好地指导实践。

关键词：司法渎职侵权　留置　刑事强制措施　衔接研究

修改后的《刑事诉讼法》明确检察机关对部分司法渎职侵权犯罪的侦查权，与该领域监察机关调查权应然产生交叉、互涉。在互涉案件分别办理或者移送其他机关办理的过程中，必然在平行的职务犯罪查办领域产生留置与刑事强制措施相衔接的问题，有必要展开研究以指导实践。

一、留置与刑事强制措施的适用规定

根据《监察法》的规定，监察机关为履行职责可以采取谈话、讯问、询问、查询、冻结、调取、查封、扣押、搜查、勘验检查、鉴定、留置等十二项措施，相关规定在“监察权限”章节中。因留置是调查措施中唯一一项剥夺公民自由权的措施，该法对留置的适用条件作了明确的限定，即一是涉嫌贪污贿赂、失职渎职等严重职务违法或者职务犯罪的；二是监察机关已经掌握部分违法犯罪事实及证据，仍有重要问题需要进一步调查的；三是涉及案

* 课题组负责人：江苏省淮安市人民检察院副检察长王新阳；课题组成员：江苏省淮安市人民检察院法律政策研究室副主任杨杨，江苏省淮安市清江浦区人民检察院研究室副主任王园园，江苏省淮安经济技术开发区人民检察院检察官助理李乐。本文系2019年江苏省人民检察院检察理论课题“监检职务犯罪调（侦）查办案衔接机制研究”（课题编号：SJ201909）的阶段性成果。

情重大、复杂,可能逃跑、自杀,可能串供或者伪造、隐匿、毁灭证据或者可能有其他妨害调查行为等情形的。对于留置的期限,该法第 43 条第 2 款规定,留置时间不得超过 3 个月,在特殊情况下,可以延长一次,延长时间不得超过 3 个月。关于留置后的刑期折抵方面,《监察法》第 44 条第 3 款规定被留置人员涉嫌犯罪移送司法机关后,被判处管制、拘役和有期徒刑的,留置 1 日折抵管制 2 日,折抵拘役、有期徒刑 1 日。

相对而言,刑事强制措施则是为了保障侦查、起诉、审判等刑事诉讼活动的顺利进行,司法机关对犯罪嫌疑人、被告人采取的限制其一定程度人身自由的方法,主要包括拘传、取保候审、监视居住、拘留、逮捕等五种。其中,《刑事诉讼法》第 67 条、第 74 条、第 81 条、第 82 条分别就取保候审、监视居住、逮捕和拘留的适用情形予以列明,相应的执行期限最长为 37 天至 12 个月不等。因案件事实、证据情况的变化,各刑事强制措施之间也可变更或转换。如被取保候审的犯罪嫌疑人、被告人违反取保候审规定,情节严重的,可以予以逮捕,或逮捕后通过羁押必要性审查发现不需要继续羁押的,可以释放或变更强制措施。因取保候审没有实质上剥夺犯罪嫌疑人或被告人的人身自由,故刑期折抵仅限监视居住、逮捕和拘留三种。

二、留置和刑事强制措施的对比

根据《刑事诉讼法》的相关规定,侦查机关的强制措施从轻到重共有五种,检察机关在侦查中可以对犯罪嫌疑人采取拘传、刑事拘留、取保候审、监视居住或者逮捕的强制措施。强制措施本质是对被追诉人自由权的干预。通过法条对比,可以看出留置和强制措施的不同特点:

1. 留置的对象不限于涉嫌职务犯罪的人员,还包括涉嫌严重职务违法行为的人员,意味着不构成刑事犯罪的人员也可能被采取留置措施。而刑事强制措施仅限于涉嫌刑事犯罪的人,达不到刑事犯罪标准的人不能被采取强制措施。

2. 留置的时间长于一般的刑事强制措施,正常的逮捕时间为 2 个月,特殊情况下经过 3 次批准延长羁押期限的最长是 7 个月。但留置的起点就是 3 个月,经过延长可以达到 6 个月,相当于拘役刑的最长期限。

3. 留置的期限可以折抵刑期,但是留置过程中律师无法介入,整个调查过程是全封闭的。而刑事案件侦查过程中犯罪嫌疑人或被告人有权获得律师的法律帮助。

4. 留置措施实质上剥夺了被调查人的人身自由权,具有明显的强制性和国家强制权力保障。因拘传、取保候审、监视居住没有完全限制人身自由,不存在羁押情形,刑事拘留的期限相对较短,因此留置和刑事强制措施的对比主要指的是留置和逮捕措施的对比。留置的强度和效力类似于刑事诉讼活动中的逮捕。

综上所述,留置是基于监察制度应运而生的一种保障监察调查的限制人身自由的措施,是监察权的重要组成部分。

三、留置与刑事强制措施衔接的几种方式

当检察机关和监察机关对司法人员渎职侵权犯罪案件均有管辖权时，对同一犯罪嫌疑人或者被调查人交叉行使和重复行使同一侦（调）查措施、强制措施在实践中缺乏可操作性，如检察机关和监察机关不可能同一时间对同一物品均实施扣押、对同一犯罪嫌疑人或者被调查人同时实施留置和逮捕。需要注意的是，修改后的《刑事诉讼法》中指定居所监视居住强制措施仅适用于涉嫌危害国家安全犯罪、恐怖活动犯罪的犯罪嫌疑人或被告人，检察机关指定居所监视居住的权力在修改后的《刑事诉讼法》中已经没有相关规定。主要分为三种情形：

1. 检察机关立案侦查的案件。毫无疑问，检察机关根据案件情况，有权决定对犯罪嫌疑人采取拘留或逮捕等刑事强制措施，由公安机关执行。同时，应当告知犯罪嫌疑人享有的诉讼权利，如实供述自己的罪行可以从宽处理和认罪认罚的法律规定。比如，检察机关在第一次讯问犯罪嫌疑人或对犯罪嫌疑人采取强制措施时，应当告知犯罪嫌疑人有权委托律师作为辩护人，辩护律师可以会见了解案件有关情况、提供法律咨询等，且会见时不被监听。

2. 立案后移送改变管辖的案件。虽然都是对职务犯罪案件进行调查或者侦查，监察机关和检察机关本身仍属于不同的机构，两者之间属性不同。因此，不同于同一类机关之间移送改变管辖的情形，监察机关（检察机关）在立案后又决定移送给检察机关（监察机关）立案侦（调）查的，不论采取留置措施或者刑事强制措施，在移送管辖前都应解除留置措施或者刑事强制措施，再移送管辖。

3. 协商后监察机关、检察机关分别立案的案件。检察机关应与监察机关协商强制措施的使用，《监察法》第 34 条第 2 款明确规定“被调查人既涉嫌严重职务违法或者职务犯罪，又涉嫌其他违法犯罪的，一般应当以监察机关为主调查，其他机关予以协助”。因此，原则上应适用留置。该种情况的出现源于《监察法》和《刑事诉讼法》所规定的不同强制措施的竞合，在原则采取留置措施的基础上，应根据案件的特点赋予监察机关程序选择权。部分案件可以根据其自身特点由检察机关适用逮捕等刑事强制措施，值得注意的是，在采取留置的情况下，律师不能会见被调查人，在采取刑事强制措施的情况下，律师可以按照《刑事诉讼法》的规定会见犯罪嫌疑人。检察机关和监察机关在协商强制措施使用的时候，应结合案情综合评判选择留置还是刑事强制措施。

另外，值得探讨的是，修改后的《刑事诉讼法》第 170 条第 2 款规定监察机关移送起诉的已采取留置措施的案件，人民检察院应当对犯罪嫌疑人先行拘留，留置措施自动解除。在修订前的《刑事诉讼法》中，不需要办理解除强制措施手续的情形有两种：根据《公安机关办理刑事案件程序规定》第 159 条和第 160 条的规定，取保候审变更为监视居住的，取保候审、监视居住变更为拘留、逮捕的；或者是案件移送审查起诉后，人民检察院决

定重新取保候审、监视居住或者变更强制措施的情形。第一种情形，当手段较轻的强制措施被手段较重的强制措施替代时，不需要解除，即原先较轻的强制措施已经自动解除。第二种情形，主要是案件进入审查起诉阶段后，检察机关作为后置机关，采取强制措施已经取代了原先的侦查机关，故侦查机关的强制措施自动解除。综上所述，因为强制措施的类型发生变更或者是决定强制措施的主体发生变化，所以导致之前的强制措施自动解除。

留置不属于刑事强制措施，分别立案的案件留置和强制措施之间在使用上或者转换上能否直接参照上述情形，应分情况讨论。一是对于检察机关已经采取刑事强制措施的案件，监察机关采取留置措施，原先的刑事强制措施应视为自动解除，且双方需做好沟通衔接；二是已经由监察机关采取留置措施的案件，原则上在调查阶段不必也无须转换为刑事强制措施，审查调查结束后，应移送检察机关审查起诉，此时需要按照《刑事诉讼法》的规定先行拘留再考虑刑事强制措施的转换。如果检察机关立案的司法渎职侵权案件已经侦查终结，则直接在审查起诉阶段并案处理，如果还有司法渎职侵权案件在同一或者其他检察机关侦查，原则上应予以逮捕，等待侦查终结移送审查起诉后（应以监察委所办案件为主案，直接移送相应的检察机关审查起诉）根据案件具体情况再决定是否变更刑事强制措施。这里有一个现实的逻辑问题，就是监察机关和检察机关分别立案的案件是采取留置的，那么检察机关办案只能视为没有采取任何刑事强制措施，目前还没有相应明确的规定予以规范，建议上级机关应及早研究制定。

虽然留置和刑事强制措施的拘留、逮捕法律来源不同、性质不同，但都是限制人身自由的措施，监察机关和检察机关在办案衔接中，应注意办案节奏的把握和对涉嫌犯罪可能刑期的预判，防止因撤销案件移送其他办案机关继续采取强制措施造成时间叠加，使得犯罪嫌疑人承担过重羁押，甚至出现刑期倒挂现象。

四、留置措施必要性审查机制的探索与实践

国家建立集中统一、权威高效的监察体系，形成强势的反腐力量，留置措施系严厉的剥夺人身自由的措施，但目前明显存在外部监督不足的问题，因此，可以考虑建立留置措施必要性审查机制。

（一）留置必要性审查机制的需求分析

孟德斯鸠说过，一切有权力的人都容易滥用权力，这是万古不变的一条经验。要防止滥用权力，必须对权力行使作严格的限制和制约。《监察法》第七章对监察机关和监察人员的监督作了专门规定，监督形式多样，包括人大监督、民主监督、社会监督、舆论监督以及设立内部专门的监督机构等方式。

在留置措施上，《监察法》同样作出了很多制约性的规定。比如，采取留置措施应当由监察机关领导人员集体研究决定。设区的市级以下监察机关采取留置措施，应当报上

一级监察机关批准。省级监察机关采取留置措施,应当报国家监察委员会备案。延长留置时间应当报上一级监察机关批准。采取留置措施后应当在 24 小时内通知被留置人所在单位和家属。以上种种规定都是监察机关自我约束、自我监督的方式,这些规定有助于提升监察机关采取留置措施的效果,也对监察机关调查案件起到一定的监督作用。然而,诸如民主监督、社会监督和舆论监督等外部监督方式,不论是监督力度还是监督程序上,都离权力制衡和监督强度有一定的距离,显得刚性不足。人大监督方面,《监察法》规定了听取和审议工作报告、组织执法检查、讯问和质询监督等方式。其中,听取和审议工作报告属于柔性监督方式,讯问和质询监督主要针对具体事项的纠错监督,组织执法检查来监督监察机关可能是最有效的方式,但实践中可能受人员配备等影响存在法律监督力度不足的现实问题。应当将重点放在对监察调查权的监督制约上,特别是加强对留置这一涉及人身自由措施的监督制约的探索。

(二)留置必要性审查的路径分析

留置措施最长可限制人身自由长达 6 个月,为防止不恰当的羁押,从加强被留置人员的权利保障和救济目的出发,除了监察机关内部严格的审批流程外,还可以考虑引入检察机关参与外部监督。这并非为检察机关扩权摇旗呐喊,而是因为检察机关作为我国的法律监督机关,让其监督留置措施的实施情况,具备外部的正当性。[①] 具体可从以下几个方面考量:一是审查程序的启动。区别于羁押必要性审查程序,留置必要性审查程序的启动由监察机关决定,检察机关不得直接介入审查。因留置措施由上一级监察机关批准,从职级对等的层面出发,留置必要性审查也应当由作出批准决定的监察机关对应的同级别的检察机关开展,也即市级以上检察机关,基层检察机关没有相关权限。二是审查范围的思考。现阶段可以考虑部分案件开展留置必要性审查,如涉及行贿的民营企业家,职务犯罪中无国家工作人员身份的共犯等,逐步扩大范围。三是审查方式的限定。检察机关可以通过采取听取办案及作出批准决定的监察机关的意见、单独或者会同公职律师查阅相关案件材料等方式进行审查,然后出具检察意见供监察机关参考。但以上检察意见并非司法审查,既不是对监察机关的监督也不是对监察机关的制约,只是外部参考。

① 参见刘艳红:《程序自然法作为规则自洽的必要条件——〈监察法〉留置权运作的法治化路径》,载《华东政法大学学报》2018 年第 3 期。

检察机关审查起诉环节补充侦查制度研究

黄　奇*

摘要:审查起诉环节补充侦查是检察机关参与刑事诉讼,开展法律监督的重要方式。长期以来,该制度却并不受重视,仅作为侦查的"补充"角色存在,一直未能得到有效完善,其监督价值也始终未被充分发掘和运用。实践中,退回补充侦查适用过度、补充侦查效率低下、不规范等问题,不仅影响办案质效,也可能侵害犯罪嫌疑人合法权益,亟待通过转变认识、修改规定、健全机制、加强制约等加以完善,进一步发挥其促进查明事实、强化案件证据、有效监督侦查活动的功能。

关键词:检察机关　审查起诉环节　补充侦查　制度完善

审查起诉阶段补充侦查是检察机关在审查起诉过程中,认为案件存在事实不清、证据不足或者遗漏罪行、遗漏同案犯罪嫌疑人等情形需要补充侦查的,将案件退回公安机关或者自行开展的进一步侦查。[①] 审查起诉阶段补充侦查不仅具备普通侦查"保全犯罪证据、保全犯罪嫌疑人人身"[②]的基本功能,同时还具有对移送案件证据进行诉讼化补强,保障犯罪嫌疑人合法权益,服务公诉人出庭公诉,强化侦查监督等功能。因此,该阶段补充侦查是检察机关进一步查明事实,固定证据,判断案件是否符合起诉条件,决定是否起诉的重要手段,很可能对整个案件的走向产生重大甚至决定性作用。

一、审查起诉阶段补充侦查的运行现状

长期以来,作为运用最广泛、最具典型意义的审查起诉阶段补充侦查在司法实践中

---

* 黄奇,江苏省常州市人民检察院法律政策研究室检察官。

① 补充侦查,指公安机关或者人民检察院依照法定程序,在原有侦查工作的基础上,就案件中由于某种原因没有完成的侦查任务,或者是案件部分事实不清,或者是案件的部分证据不足,重新进行的收集证据的侦查活动。补充侦查的运用非常广泛,案件自提请批准逮捕起至法院作出判决前均可适用,是侦查阶段、审查起诉阶段和审判阶段的重要诉讼手段。参见叶青主编:《刑事诉讼法学》,上海人民出版社2013年版,第287页。

② [日]田口守一:《刑事诉讼法》,张凌、于秀峰译,中国政法大学出版社2010年版,第29页。

发挥着重要作用,但从当前实际分析,该补充侦查的运行情况并不理想,存在诸多不良现象和问题。

(一)补充侦查不平衡现象

从相关办案数据角度观察,2017 年至 2019 年,S 省受案总数为 188,869 件,同期积存案件总数为 15,205 件,一次退回补充侦查案件共 49,045 件,占案件总数①的 24.03%;二次退回补充侦查案件共 17,873 件,占案件总数的 8.76%,占一次退回补充侦查案件总数的 36.44%。自行补充侦查案件共 323 件,占案件总数的 0.16%。通过分析数据,至少可以得出这样的结论。其一,补充侦查适用率高,将近 1/4 的案件都经过补充侦查,如此之高的适用率在反映补充侦查是实践办案中被广泛使用的同时,也使人产生补充侦查可能存在适用过度的担忧。其二,补充侦查方式集中,退回补充侦查数将近是自行补充侦查数的 152 倍,前者是实践中的绝对多数,在补充侦查方式选择方面明显失衡。其三,二次退回补充侦查率高,不仅二次退回案件在案件总数的占比非常明显,而且有 1/3 以上的案件在一次退查后被再次退回,这也在一定程度上反映出一次退回补充侦查效果不佳的情况。补充侦查出现适用率高、方式选择失衡等情况,表明有案件不需要进行补充侦查进行了补充侦查,可以或者更适合采用自行方式补充侦查的案件被退回补充侦查。这意味着补充侦查可能被异化使用,其价值、作用也未能得到充分体现和合理发挥,司法办案资源可能被浪费,犯罪嫌疑人可能被不必要的长时间羁押,合法权益被不当侵犯。

(二)补充侦查存在不规范

退回补充侦查是由检察机关与侦查机关合作完成的,而自行补充侦查也可能存在相互配合的情况。因此,补充侦查不规范情况也分别产生于检察人员和侦查人员两个方面。

检察人员的行为不规范主要有以下表现:一是决定退回补充侦查随意。实践中,案件是否退回补充侦查往往只需要承办检察官决定,一般没有其他约束和限制。一些没有补充侦查必要性、可行性的案件,可以直接作出起诉或不起诉决定案件,以及可以通过书面要求侦查机关提供说明或证明材料的案件也被适用补充侦查程序。二是补充侦查方式选择不规范。有些补充事项简单,可以自行补充侦查或者要求侦查机关补充说明的案件也作退回处理。三是补充侦查提纲制作粗糙。有的提纲内容过于简单,指向和要求不明确;有的补充侦查内容缺乏必要性、可操作性;有的说理不充分,难以获得侦查人员的理解支持,难以调动侦查人员的积极性。四是自行补充侦查也同样存在普通侦查活动中的规范性风险。如取证主体、程序、形式等不规范,导致证据存在瑕疵,甚至形成非法证据等。

侦查人员的行为不规范主要有以下表现:一是侦查机关在退回补充侦查期间的相关

---

① 案件总数为受案总数与同期积存案件数之和。

调查取证工作的规范性明显低于普通侦查活动。退侦案件超期情况时有发生；补充取证所获得的证据质量低下，无法补正已有证据体系，有的甚至产生相反作用。二是在补充侦查过程中，存在侦查人员怠于侦查情况。有的在退查后迟迟不开展工作，期限届满时才象征性地开展部分侦查工作，有的甚至不开展任何补充侦查，到期后直接原封不动将案件重新移送审查。三是补充侦查后的处理不规范。有的案件在退查结束后，侦查机关在未通知检察机关的情况下，直接作撤案处理，不再移送审查；有的在补充侦查过程中发现了需要追究刑事责任的新罪行，但却未依法重新制定起诉意见书移送审查，而是重新计算侦查期限；有的案件在重新移送时，侦查机关对没能补充的证据未作相应说明。

（三）补充侦查缺乏有效监督

尽管对补充侦查活动开展监督也是侦查活动监督的重要组成部分，但一直以来，此项监督都处于实际缺位状态。对检察机关自身而言，在补充侦查开展前，缺乏对补充侦查启动是否必要、方式选择是否适当的监督制约，尤其在司法责任制改革实施以来，此项职权大都交给员额检察官行使，不再需要经过审核审批，缺乏事前监督；在开展过程中，则完全由检察人员自行控制，几乎没有来自其他主体的规制，缺乏事中监督；由于补充侦查并不直接产生诉讼结果，因此在对案件进行整体评价时，一般难以与补充侦查建立显性关联，即使问题可能源于补充侦查中的不当行为，也很难被及时发现和纠正。加之当前实践中并未对补充侦查建立针对性考评，因此补充侦查缺乏事后监督也是显而易见的。对侦查机关而言，案件退回后，检察机关便很少“过问”，实践中检察官在退回补充侦查过程中很少主动与侦查人员建立实质的沟通联系，很少引导侦查方向，关心案件进度，督促侦查开展，及时进行期限提醒等。

二、补充侦查运行不良的原因分析

笔者认为，当前补充侦查制度之所以出现上述现象和问题，主要有以下几个方面的原因。

（一）对补充侦查制度认识存在偏差

补充侦查既是普通侦查的重要补充，也是检察机关实现诉前主导的重要方式，对侦查活动开展有效监督的重要手段。但当前理论观点普遍认为，补充侦查是原侦查工作的继续，仍属于侦查的范畴，系非必经程序，如果原有侦查工作已经达到侦查的目的和要求，侦查任务已经完成，就不存在补充侦查的问题。[①] 实践方面，办案人员的关注焦点集中于补充侦查是否能够帮助解决案件事实和证据方面存在的缺漏，是否能够促使案件达到移送审查、起诉的标准。因此，无论是当前的理论观点、还是实践认识，似乎都“忽略”了补充侦查所具有的监督价值的情况。诚然，补充侦查的主要目的是通过开展针对性后

---

① 参见樊崇义主编：《刑事诉讼法学》，中国政法大学出版社 2013 年版，第 447 页。

续侦查工作,来弥补前期侦查不足。但除此之外,补充侦查还具有验证和调查功能,检察机关可以通过补充侦查工作对侦查活动进行有效监督,以确保查明的事实真实可靠,收集的证据合法有效。同时,在实践中,办案人员还普遍存在对于补充侦查重要作用认识不足等问题,常有"补充侦查不重要""退回的案件带着做做就行""补充侦查不是检察官的事""补充侦查起不了实际作用"等偏见与误解,甚至存在"退回补充侦查是延长办案期限工具"的异化认识。事实上,认识偏差并不仅仅是停留在意识层面的问题,也会引起其他问题的发生。当前存在的相关立法概括抽象、机制不健全、监督保障薄弱等问题都与其不无关系。

(二)相关规定过于概括抽象的问题

补充侦查制度相关法律、司法解释的条文过于抽象,不甚明确。例如,当前《刑事诉讼法》相关条文并未明确退回补充侦查法定事由,仅以"需要"抽象概括。而修正后的《人民检察院刑事诉讼规则》(以下简称《规则》)第342条虽将"需要"具体化为"犯罪事实不清、证据不足或者遗漏罪行、同案犯等情形",但这些情形本身也具有丰富的内涵,难以达到明确具体的程度。适用标准不明确,则很可能导致很多非"需要"情况也被补充侦查,便可能给滥用打开缺口。[①] 而实践中补充侦查适用率过高与此不无关系。又如,关于补充侦查方式的选择,《刑事诉讼法》的规定是"可以退回公安机关补充侦查,也可以自行侦查"。而《规则》同样回避了这一问题,留下规范空白,给随意选择补充侦查方式留下"后门",在一定程度上造成退回方式成为补充侦查的绝对多数,自行方式则成为极少数例外。

(三)相关机制构建存在缺失

第一,缺少有效的沟通协作机制。退回补充侦查是由侦查机关根据检察机关所列侦查提纲要求开展的侦查活动,是双方合作的过程,只有检察机关充分表达思路和要求,侦查机关充分理解接受并采取正确侦查举措,才可能获得成效。同时,退回补充侦查虽然在侦查前一般已有具体方向和目标,但侦查情况依然具有开放性特征,在发现新情况、新事实、新证据时,很可能需要及时重新作出调整,需要畅通的交互渠道。因此,良好的沟通协作是实现良好侦查效果的重要支撑。但在当前实践,除了"补充侦查提纲"的书面交互途径外,基本没有其他有效稳定的沟通协作,很多时候难以满足沟通需要,从而影响补充侦查效果。

第二,缺少正确的考核评价机制。实践中检察人员、侦查人员不重视补充侦查的开展,其中重要原因之一就是当前考评机制的引导取向对于补充侦查关注度不够。虽然当前考核已经逐渐重视对案件质效的评价,但"重数量轻质量"的倾向在实际中还是不同程度存在,办案数量依然是绩效考核的决定性因素。开展补充侦查一般不会直接影响考核

---

① 参见汪海燕等:《刑事诉讼法解释研究》,中国政法大学出版社2017年版,第224~225页。

成绩，投入时间精力与产出可能不成比例，在更加注重办案数量的考核激励下，办案人员更可能把力量投入办案数量的扩大，追求更“实惠”的结果，而非纠结个别案件中非结案性、必要性问题。

第三，缺少有效监督制约机制。就检察机关内部，虽然案件管理部门已经通过业务软件系统对补充侦查进行流程监督，但此监督属于程序性监督，主要关注的是案件办理是否符合相关程序性要求，一般难以发现实体方面存在的问题，监督效果有限，上文所提到的自行补充侦查数据比例异常现象也在一定程度上反映出此种内部监督的局限性。值得注意的是，案件管理部门的监督也是当前唯一关于补充侦查的常态性内部监督。而对于公安机关开展补充侦查的监督，目前主要由决定退回补充侦查的检察官负责，但如何开展相应监督并没有明确的规范制约，如果检察官怠于或者疏于监督，则补充侦查效果往往很难得到保证；而且，目前检察官的主要监督方式是围绕前期制发的补充侦查提纲内容开展联系问询、协调商请，一般不直接介入参与相关具体侦查活动，因此对公安机关补充侦查的监督难有刚性。

第四，缺乏相关保障机制。这一问题主要存在于检察机关的自行补充侦查。如普通侦查一样，开展自行补充侦查也需要人、财、物、技术等方面的支撑保障，尤其在电脑、手机、网络、通信等专业领域的取证分析，更是离不开专业人员和专门技术的支持，否则难以开展有效调查，顺利获取证据、查明案件事实。但一直以来，检察机关对于补充侦查的保障主要是依托自侦部门相关制度实现的，然而随着自侦部门转隶，原先关于保障自侦工作开展的许多内部保障规定已不再适用，自行补充侦查的保障也因此大为削弱。

（四）主体能力建设存在不足

此处所说的能力建设不足主要是指检察机关刑事检察部门检察官缺乏侦查业务能力方面的培训提升。从当前实际来看，检察机关虽然对于刑事检察办案人员的培训投入较大，不仅学习内容丰富，要求也相对较高；不仅经常研习公诉业务，也经常接触审判业务，但却很少组织开展侦查业务的学习和实践操作。虽然侦查业务并非刑事检察工作的最主要内容，但不了解侦查业务，则必然难以对侦查活动开展有效监督，更谈不上在需要开展自行补充侦查时，对前期侦查进行有效完善。

三、完善补充侦查制度的建议

优化补充侦查制度既是推进“以审判为中心刑事诉讼制度改革”的需要，也是自侦转隶后检察事业发展的需要，更是解决当前诸多问题的需要。针对当前现状，建议从以下几个方面着手，对审查起诉环节补充侦查进行优化完善。

（一）纠正认识偏差

纠正对于补充侦查的认识偏差是一项系统工程，需要检察机关将其作为工作重点持续推进，需要通过各种相关途径，以多种形式和方法，从各个角度突出补充侦查的重要意义,尤其呈现该制度在侦查监督方面的重大价值。如通过深化开展相关理论研究和探讨,进一步发掘该制度所具有的监督功能,进一步思考如何利用该项制度强化监督,保障诉讼顺利推进。又如,通过修改相关规定,突出补充侦查,尤其是自行补充侦查的重要诉讼意义和作用,引导办案人员正确认识并适用该项制度。再如,通过加强实践探索,在实际办案过程中深入探索补充侦查的运行特点、规律,进一步积累经验,形成相关典型案例,促进长期存在的认识偏差向好转变,提高检察人员运用自行补充侦查的积极性,增强侦查人员配合开展工作的主动性,引导办案人员正确适用补充侦查制度。

(二)修改完善相关规定

实践中产生补充侦查适用过度、方式选择失衡、不规范等问题的重要原因之一,就是当前相关规定条文过于概括抽象。虽然现行《规则》已将"犯罪事实不清、证据不足或者存在遗漏罪行、遗漏同案犯罪嫌疑人等"①明确为需要补充侦查的情形,但未对如何选择适当补充侦查方式作出明确具体的规范指引。因此,建议通过修改完善现行相关规定,明确退回补充侦查和自行补充侦查适用情形,规范补充侦查方式选择等重要事项。尽管在侦查实践中面对的情况复杂多变,难有常态,很难一一列举出哪些情形适合退回,哪些情形适合自行侦查。但这并不意味着其中没有规律可循,无法在归类总结的基础上进行原则性指导。同时,建议增加条文,强化检察机关在补充侦查中的主导作用。虽然从现行相关规定已经通过"人民检察院审查案件,对需要补充侦查的,可以退回公安机关补充侦查,也可以自行侦查",②"公安机关在接到人民检察院退回补充侦查的法律文书后,应当按照补充侦查提纲在一个月内补充侦查完毕"③等表述,明确检察机关在退回补充侦查中的主导地位,但对于案件在退回补充侦查后,检察机关是否对侦查还具有主导地位,如何发挥主导作用等却没有予以明确,这在一定程度上制约了主导作用的实际发挥,因此有必要通过细化相关规定,明确有关事项,减少规定的模糊性,增强条文的可操作性。建议检察机关与公安机关等侦查职能部门强化制度衔接,探索建立"退回补充侦查实体化引导机制"④等。

(三)完善相关机制

第一,构建有效的沟通交流机制。建议在退回补充侦查中引入介入引导侦查机制,并明确在补充侦查过程中,承办检察官有权决定是否介入引导侦查,在一些特殊情况下要求承办检察官应当介入引导等;建议引入补充侦查提纲说理机制,要求检察官不仅要列明补充侦查的事项,还要说清为什么这样侦查,侦查的意图、目标是什么等。从而加强

---

① 参见《人民检察院刑事诉讼规则》第 342 条。

② 《刑事诉讼法》第 175 条第 2 款。

③ 《公安机关办理刑事案件程序规定》第 284 条。

④ 即案件退回补充侦查后,由检察人员与侦查人员合作完成具体侦查工作,其中检察人员主要负责制定具体的侦查方案,侦查人员主要负责具体实施。

检察人员与侦查人员在个案处理中的沟通交流，促进两者协作的灵活性、及时性。建议在退回补充侦查中引入典型案件通报制度，畅通检察机关与侦查机关日常信息交互渠道，促进部门间实现系统化、常态化的交流。

第二，优化考核评价机制。无论是检察机关，还是侦查机关，在业绩考核方面都存在关注补充侦查明显不足的现状。有的没有将补充侦查工作开展情况纳入考核范围，有的考核占比过低，没有产生实质调整作用，难以促进引导相关工作正确开展。对此，笔者建议将补充侦查开展情况纳入业绩考评范围，明确考核标准，综合考察相关工作开展的必要性、适当性、规范性及效果，并在考核的最终评价中予以充分体现，以便激励办案人员主动、正确、充分运用补充侦查手段办好案件。

第三，构建补充侦查监督制约机制。建议引入补充侦查备案审查机制，要求检察官无论是决定退回补充侦查，还是自行开展侦查，都需将相关情况提交所在部门或者案件管理部门备案，所在部门或者案件管理部门应当在案件评查过程中进行抽查。建议引入日志化工作模式，要求承办检察官将开展补充侦查工作、介入引导工作、监督侦查工作等情况准确、及时地记录到日志中，做到留痕留迹，有据可查。同时，建议引入退回补充侦查同步监督机制，要求承办检察官在退回补充侦查期间，应当对补充侦查活动跟踪监督，定期询问工作进度，及时发出期限提醒，期限届满后侦查机关没有重新移送或反馈情况的，承办检察官应当及时、主动联系侦查机关了解情况。另外，也建议侦查机关建立专门的内部监督制约机制，规范补充侦查行为。

第四，构建相关保障机制。建议通过制定相关规范性文件，构建补充侦查保障机制体系，为补充侦查尤其是自行方式的补充侦查提供经费、人员、装备、技术等方面的保障和支持，促进相关侦查、监督工作顺利依法开展。

(四)提升补充侦查素能

针对检察办案人员缺乏侦查业务知识的情况，建议检察机关在开展业务培训时，根据侦查监督和自行开展侦查的需求，专门引入侦查业务知识学习课程，邀请侦查机关的刑侦专家、业务骨干讲授侦查业务技能，定期组织刑事检察部门检察官开展自行补充侦查模拟、练兵，着力提升刑事检察部门办案人员在侦查方面的能力和素养。

试论超过诉讼时效的债权法定抵销之适用

朱　庚　张　熠*

摘要：对于超过诉讼时效的债权是否可以用于法定抵销，通过文义解释并不能支持肯定论的观点。通过目的解释的方法，并借鉴域外立法例，应对此作出有条件的肯定，即因时效而消灭的债权，如果于其消灭之前适于抵销，其债权人可以实行抵销。

关键词：抵销权　诉讼时效　合同法

一、问题的提出：两种不同立场概述

抵销分为法定抵销和合意抵销两种形式。合意抵销是互负债务的双方通过协议的形式对债务予以抵销，双方在互负债务的数额内均不再履行。该种抵销取决于互负债务的双方当事人是否达成抵销合意，如协商一致，超出诉讼时效的债权基于债务人的自愿亦可抵销，法律并不强行干预。在法定抵销之场合，即债权人主张依据《合同法》第 99 条第 1 款规定行使抵销权的情形下，一方债权人对其享有的超过诉讼时效的债权是否可以依照该条规定主张与对方未超过诉讼时效的债权进行抵销，需要区别情况进行分析。《合同法》第 99 条第 1 款规定："当事人互负到期债务，该债务的标的物种类、品质相同的，任何一方可以将自己的债务与对方的债务抵销，但依照法律规定或者按照合同性质不得抵销的除外。"一般认为超过诉讼时效的债权可以作为被动债权进行抵销，[①]于此并无太大疑问，理由为诉讼时效是为了债务人的利益而设置，如果债务人自愿抛弃时效利益自无不可。

较大分歧在于超过诉讼时效的债权是否可以作为主动债权予以抵销。[②] 肯定论者认为，时效期间经过消灭的仅是当事人的胜诉权，债权的权能还包括起诉权、受领权、抵销

---

* 朱庚，江苏省宿迁市中级人民法院法官；张熠，江苏省宿迁市中级人民法院法官。

① 在学理上将主张抵销的一方的债权称为主动债权，被抵销的债权称为被动债权。

② 下文语境下的抵销仅指超过诉讼时效的主动债权之抵销。

权等。债权即便超过诉讼时效期间,当事人之间的债务并没有消灭,只是不能成为强制执行的自然之债。即便诉讼时效期间届满,债权人受领债务的,并不构成不当得利。基于此理,诉讼时效期间届满的债权,债权人仍对债务人享有抵销权,如允许抵销亦不会产生不当得利。况且《合同法》第 99 条第 1 款未对超过诉讼时效的债权作出抵销适用的禁止性规定,因此可以抵销。否定论者认为,诉讼时效制度的设置目的在于通过牺牲已罹于时效之债权人的利益,从而为其他债权人的交易安全提供保障。基于此目的,应不允许用已过诉讼时效的债权与对方尚在诉讼时效期间内的债权相抵销。同时,已罹诉讼时效的债权已经成为不具有强制执行力的自然债权,所以不得与对方享有的效力齐备的债权进行抵销,[①]否则相当于强迫对方履行自然债务,将损害另一方当事人的时效利益,也不利于督促主动债权的债权人及时行使权利。肯定论与否定论分别从不同的角度出发进行阐释进而得出不同的结论,但对于同一个法律问题或同一个法律条文,不致得出两种完全相反而又均为正确的结论,否则将造成法律适用的混乱,故对该问题仍有澄清之必要。

二、相关判例检视暨《合同法》第 99 条第 1 款文义解释方法的误解与澄清

与不同的学理观点相对应,各地法院针对该问题亦形成了不同的裁判结果及裁判观点。福建省福州市中级人民法院在审理中国农业银行福建省分行营业部与福清华信食品公司侵犯财产权赔偿纠纷一案中认为,《合同法》第 99 条第 1 款关于法定抵销所规定的可用于抵销的债务应指合法成立且尚未消灭的债务,只要满足标的物种类、品质相同、已届清偿期,且不属于依照法律规定或者按照合同性质不得抵销的债务,都可列入允许行使抵销权的债务范围,包括超过诉讼时效的自然债务,因此支持了被告中国农业银行福建省分行营业部关于债务抵销的主张。[②] 江苏省高级人民法院在审理新沂市建材总公司与新沂市信用合作联社及金昌信用社金融借款合同纠纷一案中终审认为,虽然被告(被上诉人)新沂市信用合作联社在诉讼中提出抵销时,其对原告(上诉人)新沂市建材总公司享有的债权已过诉讼时效,但在诉讼前新沂市信用合作联社已通知新沂市建材总公司进行债务抵销,且最初通知该公司进行债务抵销时,该债权尚在诉讼时效期间之内,抵销成为既定事实,新沂市建材总公司在诉讼中主张的债权已因新沂市信用合作联社在诉讼前行使抵销权而归于消灭。[③] 成都市高新技术产业开发区人民法院在审理钟某与成都农村商业银行合作支行储蓄存款合同纠纷一案中认为,债权人依照《合同法》第 99 条的规定行使法定抵销权,主张将其对相对人享有的债权与相对人对其享有的债权进行抵销

① 参见王利明:《合同法研究》(第二卷),中国人民大学出版社 2015 年版,第 281 页。

② 福建省福州市中级人民法院(2007)榕民初字第 575 号民事判决书。

③ 江苏省高级人民法院(2008)苏民二终字第 0424 号民事判决书。

时，如果该债权在可以抵销时（双方互负到期债务时）已超过诉讼时效期间，且相对人又提出诉讼时效抗辩，则由于其法定抵销权未产生，该债权不能被用于抵销，故驳回了成都农村商业银行合作支行请求将其已对钟某享有的超过诉讼时效的债权与钟某对该银行享有的债权相抵销的主张。①

新沂市建材总公司与新沂市信用合作联社及金昌信用社金融借款合同纠纷一案判决从表象上看有条件的认定超过诉讼时效的债权可以作为主动债权进行抵销，实际上尽管在诉讼中被告的债权已经超过诉讼时效，但该案裁判观点是首先要求债权人在诉讼时效期间内即作出抵销的意思表示。如果上述前提不容推翻，那么因为抵销权是形成权，故在诉讼时效期间内已经发生抵销的法律效果，在该案诉讼前债务已经因抵销而消灭，法院只是在诉讼中对该抵销行为的效力再次予以确认，故该案对于超过诉讼时效的债权能否行使法定抵销权这一问题并未进行实质性的触碰。钟某与成都农村商业银行合作支行储蓄存款合同纠纷一案判决正面回应了能否抵销这一问题，该案裁判理由系以抵销适状作为时间节点分析，认为在主动债权诉讼时效届满前双方债务已经适于抵销之情形，即便此后主动债权诉讼时效届满，仍然可以依据《合同法》第 99 条第 1 款主张与对方进行抵销。这种分析说理的背后理论依据为抵销权具有形成权性质，一旦产生即不因债权诉讼时效之届满而消灭。

中国农业银行福建省分行营业部与福清华信食品公司侵犯财产权赔偿纠纷一案判决承认了超过诉讼时效的债权可以作为主动债权抵销，从该案判决说理及主审法官在其后撰写文章观点来看，判决理由首先源于对《合同法》第 99 条第 1 款的文义解释，认为根据文义，只要债的标的物种类、品质相同，且不属于不得抵销之债即可适用法定抵销，从而得出《合同法》第 99 条第 1 款在适用范围上并未将超过诉讼时效的债权排除在外的结论。② 该观点在肯定论中具有一定代表性，但其合理性似有商榷余地。笔者赞同首先使用文义解释方法探究问题，原因在于文义解释是法律解释的首要方法，“除非有非常充分的理由认为立法确实词不达意，方可作违背文字本来含义的解释”。③ 在文义解释可以明确法律条文的准确意义或可以得出明确结论时，不需要过多考虑其他解释方法。分析超过诉讼时效的债权是否适用法定抵销，当然要着眼和回归于《合同法》第 99 条第 1 款规定。

按照肯定论的观点，超过诉讼时效的债务，债权人丧失的是胜诉权，债务转化为自然之债，但该债务仍然是合法债务。《合同法》第 99 条第 1 款规定中所表述的可以用于抵销的“债务”并无具体的语义限制，应理解为不论该“债务”是否超过诉讼时效，只要符合

---

① 成都市高新技术产业开发区人民法院（2011）高新初字第 128 号民事判决书。

② 参见黄勤武：《超过诉讼时效的债权能否行抵销权》，载《法律适用》2009 年第 5 期。

③ 周永坤：《法理学》（第 2 版），法律出版社 2004 年版，第 411 页。

该条规定的“当事人互负到期债务,该债务的标的物种类、品质相同”这一条件,任何一方可将自己的债务与对方的债务抵销,并无对自然债务的特别限制。同时,《合同法》第 99 条第 1 款明确规定,“依照法律规定或者按照合同性质不得抵销的除外”,现行法律并无以超过诉讼时效的债务用于抵销的禁止性规定,所以用于抵销的债务应该包括超过诉讼时效的自然之债。如果仅从法律条文的表面看,这种理解似乎能够自圆其说,但这一结论无法回应作为民法体系重要制度的诉讼时效与包括《民法总则》在内的各民事法律具体条文之间的制衡关系,在逻辑上难以自洽。无论是《民法通则》还是《民法总则》,诉讼时效均是作为专章予以规定。以《民法总则》为例,诉讼时效规定在该部法律第九章,在立法体例上,诉讼时效是与自然人、法人、民事权利、民事义务、民事法律行为等章并列,这一结构安排当然体现出立法者将诉讼时效作为债权抗辩的普遍适用性制度作出规定并予以普遍适用的明确意图。在这一立法结构安排下,诉讼时效因系独立存在而且应予普遍适用的债权抗辩制度,不因某一具体的法律条文没有明确提及适用该制度而当然对其排除适用。如此解释才符合立法本意和相应的制度安排。同理,作为普遍适用的例外,只有某一法律条文特别提出不适用诉讼时效制度时,才不适用诉讼时效制度。如《民法总则》第 120 条规定:“民事权益受到侵害的,被侵权人有权请求侵权人承担侵权责任。”该条文没有明确提到诉讼时效的适用问题,但毫无疑问,基于侵权产生的债权请求权当然适用诉讼时效制度。又如,《民法总则》第 196 条规定了请求停止侵害、排除妨碍、消除危险等四大类请求权不适用诉讼时效制度。上述例证可以彰显诉讼时效制度对于民法具体条文的适用逻辑。《合同法》作为民法的一项基本性部分法律,其法律条文对诉讼时效制度的适用自不待言。因此,肯定论者认为仅通过《合同法》第 99 条第 1 款即可明确推论出超过诉讼时效的债权可以作为主动债权抵销,在方法论上有断章取义之嫌,有失严谨。通过前述分析可以发现,仅通过文字解释不能得出超过诉讼时效的债权可以抵销的结论。

三、抵销权与诉讼时效制度的功能之辩:基于目的解释方法的理解进路

在根据文义解释无法消弭争议,或者至少无法支持肯定论的情况下,需诉诸目的解释工具,对抵销与时效制度进行功能性的分析,探求两种制度的创设目的,寻找二者冲突时的价值取舍,以获得更为严谨的结论。为肯定论者所津津乐道的论点依据是,诉讼时效届满后,债权仅仅丧失胜诉权,此时债权仍为合法债权,只是转化为自然之债,其受领权、处分权并未消灭。此种论证方法殊值推敲。从债权权能角度,债权可细分为给付请求权、给付利益受领权、受领利益保有权、处分权、保全权等权能,其中给付请求权又分为原权性请求权和救济性请求权。所谓胜诉权,实为救济性请求权项下的公力救济请求权,即债权人在债务人不履行债务时,有权请求法院依强制执行程序对债务人强制执行。诉讼时效期间届满正是一项对抗公力救济请求权的抗辩理由。《民法总则》第 192 条规

定，诉讼时效期间届满的，义务人可以提出不履行义务的抗辩。该条规定与我国台湾地区“民法”第144条规定异曲同工，[①]系采抗辩权发生主义，即诉讼时效完成后，“权利自体本身并不消灭，其诉权亦不消灭，仅使义务人取得拒绝给付抗辩权”。[②] 超过诉讼时效期间的债权变为自然债权，国家不再通过强制手段迫使债务人履行。债务人相应地获得了时效利益，有权以时效作为拒绝履行的抗辩，但债务人自愿履行的，则债权人仍有受领权，债务人不得以诉讼时效期间届满为由要求债权人向其返还。由此可见，债权人实现自然债权的唯一合法路径是债务人抛弃时效利益，自愿履行义务。非基于债务人自愿，对于债权人实现自然债权的任何其他方式，法律均不应予以认可。抵销权作为形成权虽不同于请求权，但对自然债权而言，由于主张抵销一方只要为抵销的意思表示，就发生抵销的法律效力，而不论被抵销一方的意思如何，因此对被抵销的一方具有履行强制性，与自然债权的属性相悖。另外，诉讼时效期间届满作为对债权请求权的抗辩，其效果是阻却债权顺利行使。诉讼时效抗辩成立时，此时不仅是所谓的胜诉权，债权请求权、受领权在对方没有放弃诉讼时效抗辩的情况下，都将不能实现，处分权（免除、让与）也是没有实质意义的空中楼阁。于此情形，再以抵销权系形成权为由，认为债权本身的请求权、受领权并未丧失，允许一方用其已经超过诉讼时效的自然债权抵销对方尚在时效期间之内的完全债权，实质上剥夺了债务人的时效利益，架空了《民法总则》第192条的规定，对债务人显失公平。

回归抵销权的功能和设立目的，抵销实际上是履行债务的一种特殊方式，系以自己的债权之牺牲为代价换取对方债权的消灭，此处的给付标的亦可以理解为己方对相对人享有的债权。“抵销权亦可称为强制的利用权，即强制地以他人的财产供自己利用的权利。”[③]根据《合同法》第99条第1款的规定，互负债务的双方，排除不适于抵销之情形，任何一方均可行使抵销权。之所以作此规定，与抵销制度的目的与功能有关。总体上看，抵销制度具有三种功能：一是便利功能。互负债务的双方当事人不必亲自履行各自债务即可达到债务获偿的效果，能够简化法律关系，避免分别计算债务的麻烦，提高债务履行效率，降低交易成本，凸显民法效益原则。二是公平功能。于当事人互负债务场合，一方当事人在对方陷入破产或其他丧失履行能力、信用不佳存在违约风险的情形下，得拒绝单方履行，从而避免出现不公平的结果。[④] 三是担保功能。双方当事人互负债务时，任一方债权人均可以通过抵销使双方债务消灭，从而不必担心己方债权有不能实现之虞。此种功能在金融交易领域尤为典型，在日本尤为发达，有判例甚至将抵销权理解为一种担

---

① 我国台湾地区“民法”第144条规定：“时效完成后，债务人得拒绝给付。”

② 王泽鉴：《民法总则》，北京大学出版社2009年版，第430页。

③ 史尚宽：《债法总论》，中国政法大学出版社2000年版，第847页。

④ 如《企业破产法》第40条规定，“债权人在破产申请受理前对债务人负有债务的，可以向管理人主张抵销”。

保权。[①] 依据民法理论，抵销权作为形成权，依权利人的单方意思表示就能使既存的法律关系发生变化。抵销权的发生和消灭都需具备特定的条件，其产生或是基于法律的规定，或是基于法律行为；其消灭的原因主要包括行使、放弃、除斥期间届满、目的实现以及偶然事件的发生——如权利人死亡且权利不能继承、标的物灭失或混同等。

诉讼时效作为一种由法律直接规定的抗辩制度，设立的目的和功能是为了防止权利人怠于行使权利，防止社会所依赖的事实状态被"权利上的睡眠者"推翻，具有阻却请求权效力的作用。诉讼时效抗辩权针对的是债权请求权，包括但不限于基于一般债权产生的请求权及某些基于物权而产生但具有债权性质的请求权。其产生基于法律的专门规定，即特定时间的经过，且没有发生法定的中止、中断、延长事由，则诉讼时效期间届满。其行使具有被动性，只有在请求权人提出主张时，相对人才有可能行使，一经行使，则请求权不能得到司法的强制性保护，诉讼法上的表现为请求权人不能胜诉。对于其作用对象，除非法律特别规定，其抗辩效力平等。但是，诉讼时效的抗辩并不能针对形成权，其对已经产生的形成权本身不具有法律效力。因此，形成权产生后，诉讼时效抗辩并不能阻却其行使。债权人向债务人主张超过诉讼时效的债权被法院驳回，正是符合了诉讼时效的设立目的。但如果债权人不在诉讼时效期间内主张自己的债权，并非其怠于行使权利，而是其认为该债权已经与对方对自己的等额债权相抵销了，无须再主张，这一心理信赖与抵销制度的简化债务履行、公平、担保功能并不冲突。在此种情况下，该债权诉讼时效期间届满后如不允许行使抵销权，在互负债务的甲乙双方之间可能会产生甲方不履行自己的债务，待该债务超过诉讼时效后再向乙方主张自己的债权的现象，这对心理上认为己方债务已经与对方债务发生抵销的乙方而言则不公平。基于此，应该将超过诉讼时效期间的债权是否可以抵销分为两种情形：第一种情形，是债权人在明确提出抵销的意思时尽管该债权诉讼时效期间已经届满，但在诉讼时效期间届满前双方债务均已到期，抵销适状时抵销权已经当然产生，则尽管后来该债权诉讼时效期间届满，因为抵销权的形成权性质，非因行使、放弃、除斥期间届满等特定原因并不消灭，也不再受其基础债权的诉讼时效影响。即便债权诉讼时效届满，亦不能排除抵销权的行使。相对人的时效抗辩权不能针对抵销权行使，债权人仍可以主张抵销。这也符合抵销权的设立目的及债权人的合理信赖，与诉讼时效制度亦不抵触。第二种情形，是一项债权在诉讼时效期间届满时，如债权人并未与对方互负到期债务，并未产生抵销权。债权人在其诉讼时效期间内未及时行使权利，在其诉讼时效期间已经届满后，债务人可以以时效进行抗辩，该债权的请求权、受领权、处分权都不能得到法律的保护。在这种情况下，债权人再对其债务人新负债务，即其债务人又对其产生了债权，此时已经超过诉讼时效期间的债权人主张抵销的，根据前文分析，如允许其行使抵销权则剥夺了相对人的时效抗辩权，对相对人明显

① 参见韩世远：《合同法总论》（第 4 版），法律出版社 2018 年版，第 697 页。

不公平。从另一角度而言，在已届诉讼时效期间一方的债权人与对其债务人又负有债务的情况下，若允许其进行抵销，不利于督促债权的及时行使，与诉讼时效制度的设立目的背道而驰，且会导致当事人在其债权诉讼时效期间届满后，又以向对方新设债务的形式行使抵销权，规避诉讼时效制度。另外，对相对人而言，其在己方债务已经超过诉讼时效期间的情况下，有足够的理由相信法律不会强制其履行债务，在其债权人又请求对其新设债务时，对己方债权的实现具有合理信赖，赋予原债权人以抵销权，无疑损害了该种信赖利益，此时在法律上应不承认抵销权的存在。实践中，考虑到诉讼时效属于抗辩权性质，人民法院被动性审查的司法政策，因此超过诉讼时效期间的债权人提出与对方债权进行抵销，而相对人未提出时效抗辩的情况下，人民法院一般不宜主动审查。

四、比较法观察：兼作结语

我国民法上关于诉讼时效的称谓源自苏联《民法》，其本质实为大陆法系上的消灭时效，即经过一定期间后权利人的权利丧失或受限制。根据法律移植的历史和现状，我国民法与欧洲大陆国家法律制度具有一定的相通性，可通过比较法视角找寻借鉴。大陆法系国家对此问题一般采取有条件肯定的立场。德国《民法典》2001 年修订前第 390 条规定，“有抗辩权与其相对抗的债权，不得用作抵销。时效完成的债权，在可用其抵销另一项债权时，时效尚未完成的，时效完成不排除抵销权”。修订后第 215 条规定，“在最早可抵销或者拒绝给付的时刻，请求权尚未完成消灭时效的，消灭时效的完成，不排除抵销和对留置权的主张”。日本《民法典》第 508 条规定，“因时效而消灭的债权，如果于其消灭之前适于抵销，其债权人可以实行抵销”。此外瑞士、荷兰、意大利民法及我国台湾地区“民法”均使用了“债权虽经时效而消灭，如在时效未完成前，其债务已适于抵销者，亦得为抵销”或者类似的表述方式。① 我国未来民法典宜顺应大陆法系国家立法潮流，作出有条件的肯定性规定，仿照各国及我国台湾地区立法例作出规定：超过诉讼时效的债权，在其诉讼时效期间届满前与另一债权适于抵销的，不因诉讼时效的届满而排除抵销。在立法未作明确之前，法官可以而且应该在个案中确立相应的裁判规则。

---

① 参见瑞士《债法典》第 120 条第 3 款、荷兰《民法典》第 6:131 条、意大利《民法典》第 1242 条第 2 款、我国台湾地区“民法”第 337 条。

安全生产领域检察机关提起行政公益诉讼研究

江苏省徐州市人民检察院课题组*

摘要:当前,我国安全生产领域行政执法机关监管不力问题较为突出,对行政执法的监督尚未形成体系,难以有力维护该领域的国家利益和社会公共利益。检察机关作为专门的法律监督机关和公共利益的代表,由其对行政机关的违法行为进行监督既有必要性也有可行性。应在案件来源范围、监督对象确定、履职判断标准以及国家利益和社会公共利益受损判断等方面完善安全生产监管执法监督立法,同时构建安全生产领域预防性行政公益诉讼制度和实质性审查制度,进而完善安全生产领域民事和行政公益诉讼交叉衔接程序。

关键词:安全生产　公共利益　行政公益诉讼

我国目前正处于经济快速发展的社会转型期,安全生产事故频发,造成的社会危害极大。2019 年 3 月 21 日,江苏天嘉宜化工有限公司发生化学储罐爆炸事故,波及周边 16 家企业,造成 78 人死亡,566 人受伤,引起党中央和全国人民群众的普遍关注。现有监管体制方面存在的问题是导致事故发生、国家利益和社会公共利益受损的重要原因。检察机关作为法律监督机关,通过提起公益诉讼对行政机关进行监督是一种发展的必然。

一、当前安全生产领域存在的突出问题

当前我国正处在工业化、城镇化持续推进过程中,生产经营规模不断扩大,传统和新型生产经营方式并存,各类事故隐患和安全风险交织叠加,安全生产基础薄弱、监管体制

* 课题组负责人:江苏省徐州市人民检察院第七检察部主任陈士莉;课题组成员:江苏省徐州市人民检察院检察官朱奇、刘亮;江苏省徐州市鼓楼区人民检察院检察官马宇飞;江苏省徐州市铜山区人民检察院检察官助理李雪;江苏省徐州市开发区人民检察院检察官助理戚祥。本文系江苏省徐州市人民检察院 2019 年度检察理论研究立项课题的部分研究成果。

机制和法律制度不完善、企业主体责任落实不力等问题依然突出。①

(一)安全生产门槛较低

当前我国安全生产事故频发绝非偶然,在很大程度上是当年招商引资"大跃进"的必然产物。一些地方政府为了经济发展,在招商引资过程中忽视安全风险,为了招引企业入驻,一再降低安全门槛。很多企业是在"安全评价没有做,安全设施没到位,安全制度没健全,安全责任没履行"的情况下就开始生产经营,因此出现问题应是必然结果。

(二)安全生产意识淡薄

人是生产的实施者,也是生产的监管者,人的安全意识淡薄是最大的隐患。一是部分行政机关工作人员没有做到依法行政。对职责范围内的安全生产监管工作未能做到依法、严格、全面监管,导致出现监管空白点。二是部分企业负责人安全意识淡薄,为了最大程度谋取利润而忽视安全,没有落实安全生产主体责任,没有健全安全生产责任制,没有对员工进行安全生产教育培训等。三是由于没有接受过系统的安全生产教育培训,企业员工安全意识淡薄,违规操作、超负荷工作等现象经常发生,由此增加了不少安全隐患。

(三)安全生产投入不足

有效稳定的投入是安全生产工作的基础和保障,但现实中却存在安全生产投入不足的问题。政府层面,对安全生产投入不够,有些地方安全生产经费得不到保障,尚未建立安全生产专项资金、安全保障经费等投入机制,安全监管设备配备不达标;企业层面,对安全投入重视不够,不愿投入资金改善安全生产条件,面对老化的设施、落后的装备,普遍存在侥幸心理,最终酿成大祸。部分高危行业企业安全生产费用提取不足或足额提取但未使用。

(四)安全监督机制不畅

虽然各地都建立了独立的安全监管机构,但安全生产涉及领域的广泛性决定了有限的人员不可能实现对安全生产领域的全覆盖,且安全生产的专业性又对执法人员的能力提出了极高的要求,安监机构综合监管的职能没有得到有效发挥。在执法过程中,安监机构不具备完整执法权限,只能向被检查企业下达督促整改指令,又使监管缺乏足够震慑力。另外,综合监管和行业监管权限不明、责任不清,部门监管联动性不强,检查和执法不能形成合力,监管效率大打折扣。

(五)安全生产法律体系缺陷

一方面,安全生产法律体系架构不够"有机"。目前安全生产领域法律、行政法规层面的规定相对较少且较为原则,主体是地方立法和部门规章,但相互之间缺乏有效衔接与协调。如《安全生产法》对生产经营单位的安全设施建设等项目和重大工程的"三同

---

① 参见《中共中央、国务院关于推进安全生产领域改革发展的意见》。

时”作了一般性规定，但至今无具体的配套制度规定。另一方面，不同位阶立法未充分发挥应有作用。地方立法、规章作为下位法，未能对原则规定有效细化，难以有针对性地反映地方特色。

二、建立安全生产领域检察行政公益诉讼的意义

（一）建立安全生产领域检察公益诉讼的必要性

行政执法机关监管不力是导致安全生产事故频发的重要原因。结合上文对我国安全生产领域问题的梳理分析，不难发现，除立法问题外，其他各类问题中都或多或少地牵涉执法机关。安全生产的重要性决定了必须对其监管者提出更高的要求，但现实中行政机关履职不到位的现象十分普遍，并且多次因此引发重大安全生产事故，严重侵害了“国家利益和社会公共利益”。2014 年江苏昆山铝粉尘爆炸事故、2015 年天津滨海新区爆炸事故均造成了严重的后果。相应事故调查报告中明确指出，行政机关监管失职、不到位是导致事故发生的重要原因。[①] “3・21”江苏响水爆炸事故中，监管部门也存在“避重就轻”、“没有对安全隐患进行严肃审查，就同意企业复产”和“违法发放危险废物经营许可证”等违法行为。

现有对行政执法的监督还未形成体系，无法有力维护国家利益和社会公共利益。保障安全生产，行政机关是第一责任者。但如果行政机关违法行使职权或不作为，则会造成严重的后果。按法律规定，目前对安全生产行政执法的监督主要有行政诉讼、纪检监察、行政内部监督和社会舆论监督等。但行政诉讼局限于个案，监督力度有限；纪检监察侧重于对人的监督，而非对行政机关的监督；内部监督的定位决定了其公正性无法避免地受到质疑；而社会舆论监督的明显不足在于其非强制性。因此，需要有一个具有独立性且能代表公益的机构来对行政机关进行监督。而检察机关是专门的法律监督机关、是公共利益的代表者，由其对行政机关的违法行为进行监督是最为适宜的。因此，为了最大限度维护安全生产领域的“国家利益和社会公共利益”，建立该领域检察行政公益诉讼制度是必要且非常迫切的。

---

① 原国家安监总局发布的《昆山中荣金属制品有限公司“8・2”特别重大爆炸事故调查报告》显示，“（该事故中）共有 97 人死亡、163 人受伤（事故报告期后，经全力抢救医治无效陆续死亡 49 人，尚有 95 名伤员在医院治疗，病情基本稳定），直接经济损失 3.51 亿元。”“苏州市、昆山市和昆山开发区安全生产红线意识不强、对安全生产工作重视不够，是事故发生的重要原因。负有安全生产监督管理责任的有关部门未认真履行职责，审批把关不严，监督检查不到位，专项治理工作不深入、不落实，是事故发生的重要原因”。国务院《天津港“8・12”瑞海公司危险品仓库特别重大火灾爆炸事故调查报告》显示，“（该事故）造成 165 人遇难、798 人受伤，直接经济损失人民币 68.66 亿元，对局部区域的大气环境、水环境和土壤环境造成了不同程度的污染。”“天津市交通运输委员会（原天津市交通运输和港口管理局）滥用职权，违法违规实施行政许可和项目审批；天津港（集团）有限公司在履行监督管理职责方面玩忽职守，个别部门和单位弄虚作假、违规审批，对港区危险品仓库监管缺失；天津海关系统违法违规审批许可，玩忽职守，未按规定开展日常监管；天津市安全监管部门玩忽职守，未按规定对瑞海公司开展日常监督管理和执法检查，也未对安全评价机构进行日常监管。”

（二）建立安全生产领域检察公益诉讼的可行性

我国《民事诉讼法》《行政诉讼法》在规定检察机关提起公益诉讼范围时，都使用了一个"等"字。从立法本意讲，"等"字应作"等外等"理解，凡是涉及国家利益和社会公共利益的保护，在符合相关规定的情况下，都应为检察机关打开公益诉讼之门。因为检察机关是公共利益的代表，这种代表不应局限于某一个或几个方面，而应当是全面的。作为法律监督机关，其维护公共利益的主要表现形式之一即公益诉讼。因此，只要出现侵害公共利益的行为，检察机关即有权通过提起公益诉讼等方式对其进行监督，以维护公共利益。

实践证明，检察公益诉讼的范围也在随着实践的发展而不断丰富拓展，《英雄烈士保护法》关于检察机关公益诉讼保护英烈公共利益的规定就是一个直接的例证。且从实际情况来看，生产安全事故不仅会造成重大人员伤亡和财产损失，而且会强烈冲击人民群众的安全感，关乎人类的生存和发展，因此安全生产领域具有更强的"国家利益和社会公共利益"特征。更为重要的是，中共中央、国务院在 2016 年 12 月 18 日印发的《关于推进安全生产领域改革发展的意见》（以下简称《安全生产领域改革发展意见》）中，明确指出"研究建立安全生产民事和行政公益诉讼制度"。这为安全生产领域建立检察公益诉讼制度提供了政策指引和相应保障。

三、安全生产领域行政公益诉讼的标准

（一）案件来源的范围标准

根据《行政诉讼法》和最高人民法院、最高人民检察院关于检察公益诉讼的司法解释规定，检察公益诉讼案件应来源于"履行职责中发现"。从狭义角度来看，履行职责应指检察机关履行批捕起诉等刑事检察职责、自行侦查职责、诉讼监督职责、控告申诉检察职责和公益诉讼职责等。但是，从设立行政公益诉讼制度的价值目标来看，行政公益诉讼是维护"国家利益和社会公共利益"的重要手段，且检察机关是唯一主体，因此，不应对"履行职责"做过多限制。除上述来源外，对于开展其他检察工作中发现的线索，如通过"两法衔接"平台、行政执法与行政检察平台等发现的线索，也应认定为"履行职责"中发现。除此之外，人大、党委交办，行政机关移送，社会媒体报道等都是此类案件的重要来源，只要经初步审查，发现安全生产领域行政机关怠于履职或违法作为致使国家利益和社会公共利益受损或存在受损风险的，均应依法受理。

（二）监督对象的确定标准

与生态环境和资源保护、国有土地出让等领域不同，安全生产领域涉及的行政机关众多，既有综合监管部门，又有行业监管部门，且各机关之间的职权范围相互交叉。这就需要对监督对象予以明确。

1. 法律、行政法规、规章的规定。这是确定被监督对象的最直接依据。如《安全生产

法》规定,县级以上安全生产监督管理部门(应急管理部门)对本行政区域内安全生产工作具有综合监管职责。[①]《消防法》规定,县级以上应急管理部门对行政区域内消防工作实施监管,特定领域的消防工作由特定单位监管。[②]

2. 地方政府制定发布的权力清单。对于一些在法律、法规中没有明确规定职责部门或者规定不详细的,可以参考地方政府发布的权力清单等进行确定。如《城市道路管理条例》规定,对擅自使用未经验收或者验收不合格的城市道路擅自使用的,由市政工程行政主管部门进行处罚。但市政工程行政主管部门具体是指哪个部门并未予以明确。在江苏省徐州市,按政府公布的权力清单,该项职责即由市城管局承担。

3. 法律授权或行政机关委托。按照法律规定和实践操作,还存在行政机关派出机构对外作出行政行为的情形。在此情况下,要判断该权力的行使是基于法律授权还是行政机关委托。如果是前者,则应直接以其为被监督对象;如果是后者,则应以委托的行政机关为被监督对象。

4. 涉及多个被监督主体的问题。安全生产领域所涉领域的广泛性和监管主体的多元性决定了在某一领域可能存在多个负有监管职责的行政机关。而不同行政机关职责范围、执法手段、履行期限等也是存在差异的,这就需要准确界定各行政机关的责任,在此基础上有针对性依法监督。

(三)行政机关履职的判断标准

行政机关违法行使职权或者不作为是提起检察公益诉讼的前提,因此对于行政机关是否依法履职的判断就成为整个制度的核心。

1. 行政机关是否履职的形式与实质判断

首先,行政机关逾期未回复的。如果行政机关超 2 个月期限对检察机关提出的检察建议未予书面回复的,应分情况予以处理:对超期未回复但实际整改到位的,强化与行政机关的沟通,指出其程序违法之处,但不应提起公益诉讼。对超期不回复且未实际整改的,可在诉前再次对其书面提醒,仍不整改的,依法提起诉讼。

其次,行政机关明确回复不整改的。对于行政机关在收到检察建议后,明确回复表示自身不存在违法行使职权或不作为行为,对检察建议不予采纳的,检察机关应结合法律法规规定对其违法行使职权或者不作为的具体情形予以证据固定,并对检察建议发出前后的违法状态进行对比,在此基础上依法提起公益诉讼。

---

① 《安全生产法》第 9 条第 1 款规定,“县级以上地方各级人民政府安全生产监督管理部门依照本法,对本行政区域内安全生产工作实施综合监督管理”。

② 《消防法》第 4 条规定,“国务院应急管理部门对全国的消防工作实施监督管理。县级以上地方人民政府应急管理部门对本行政区域内的消防工作实施监督管理,并由本级人民政府消防救援机构负责实施。军事设施的消防工作,由其主管单位监督管理,消防救援机构协助;矿井地下部分、核电厂、海上石油天然气设施的消防工作,由其主管单位监督管理。县级以上人民政府其他有关部门在各自的职责范围内,依照本法和其他相关法律、法规的规定做好消防工作。法律、行政法规对森林、草原的消防工作另有规定的,从其规定。”

最后,行政机关回复已采取整改措施的。检察机关应当进行实地核查,了解行政机关是否已真正整改到位。特别是对于行政机关回复将采取分阶段措施的,检察机关应当对其是否制订详细的计划、是否已积极准备启动前期工作等进行重点检查。确有必要时可邀请专业人员对相关方案的可行性等进行论证,确实可行的,暂不提起公益诉讼;如方案不可行又未采取相应整改措施,或者未在合理期限内整改到位的,可依法提起公益诉讼。

当然,对于行政机关已依法启动程序,因法定期限、法定程序等原因尚处于未结案状态的,应当依法律规定的程序、期限等作为衡量标准,不能笼统认定为未履职到位。

2. 主要类型行政行为是否履职到位的判断

一是涉及行政许可审批的行为。相较于其他领域而言,安全生产的一个显著特征是较多的行业需要经过行政许可方可开展生产经营活动,如烟花爆竹、化工等高危行业。因此,在此环节应结合相关法律、法规、规章及内部规定、操作指南等规定,对照检查许可和审批过程是否合法合规等。如在烟花爆竹安全生产许可证许可审批过程中,发证机关是否依法组织人员对申请文件、资料进行了审查,是否依法派员到现场进行了核查,是否明确告知了行政许可的期限等。

二是涉及行政处罚及后续行为。行政处罚是行政机关履行监管职责时运用最广泛的手段和方式。对于行政处罚而言,应重点审查行政机关作出的行政处罚在事实认定、法律适用和处理结果上是否合法合规以及处罚决定作出后是否依法采取了行政强制。如对于相关违法行为,是否在处以罚款的同时,依法作出责令停产停业、没收非法生产、经营的物品及违法所得等处罚内容。在行政相对人未按期自觉履行的情况下,是否依法采取了行政强制或申请法院强制执行。

三是涉及行政不作为的认定标准。行政不作为是一种消极形态的违法行为,但其危害性却不一定小于违法行使职权,如果行政机关未依法积极行使职权,则可能构成行政不作为。仍以烟花爆竹行业为例,依照相关规定,当出现某些特殊情形时,发证机关即应当注销该企业已取得的安全生产许可证,并及时公告。① 如果发证机关明知该企业存在相应情形,而未依法注销安全生产许可证的,则构成行政不作为。

(四)损害国家利益和社会公共利益的判断标准

损害国家利益和社会公共利益是检察机关提起行政公益诉讼的另一前提,但何为"国家利益和社会公共利益",尚无明确的法律规定,理论界也存在较大的争议。但整体

① 《烟花爆竹生产企业安全生产许可证实施办法》第37条规定:"取得安全生产许可证的企业有下列情形之一的,发证机关应当注销其安全生产许可证:(一)安全生产许可证有效期满未被批准延期的;(二)终止烟花爆竹生产活动的;(三)安全生产许可证被依法撤销的;(四)安全生产许可证被依法吊销的。发证机关注销安全生产许可证后,应当在当地主要媒体或者本机关政府网站上及时公告被注销安全生产许可证的企业名单,并通报同级人民政府有关部门和企业所在地县级人民政府。"

上认同一点，即公共利益是一定社会条件下或特定范围内不特定多数主体利益相一致的方面，或者指全体社会成员为实现个体利益所必需的社会秩序。也可以归纳为"由不特定多数主体享有的，具有基本性、整体性和发展性的重大利益"。①

具体到安全生产领域，安全生产不仅仅关系直接参与生产经营人员的利益，而且也会对相关人员、周围地区乃至较大区域范围内的整个社会产生影响。安全生产本身就是社会公共领域，《安全生产领域改革发展意见》中也明确安全生产事故直接危及生产安全和公共安全，安全生产事故所造成的严重后果也多次印证了这一点。因此，笔者认为，对于安全生产领域行政机关的违法行为或不作为，是否损害国家利益和社会公共利益不应作过于严格的要求，只要达到一般社会民众认可的角度即可。

四、安全生产领域行政公益诉讼制度的完善

（一）完善安全生产监管执法监督之立法建议

《安全生产领域改革发展意见》中指出，研究建立安全生产民事和行政公益诉讼制度，以进一步完善安全生产监管执法制度。这表明最高决策层对通过公益诉讼制度推动安全生产领域制度保障的关注和期待。结合立法和当前实践，笔者认为，目前最适宜的方式即在单行立法中增加安全生产公益诉讼相应条款，初步建立安全生产领域公益诉讼制度。

安全生产涉及国民经济运行的几乎所有领域，每个行业都具有自己的专业性特点，这对外部监督者而言，必然面临重重技术壁垒。同时，综合监管与行业主管部门监管并行，可能存在职能交叉和利益冲突。调整安全生产的法律、法规、规章等多且庞杂，且属于不同的位阶，无法也没有必要一一进行规定。而《安全生产法》是全面规范安全生产的专门法律，也是安全生产领域的基本法律，因此笔者建议可以在该法中增加一条关于检察机关提起安全生产领域公益诉讼的相关规定，这样既能实现安全生产领域的全覆盖，又能为检察机关在该领域提起公益诉讼提供法律依据。

安全生产经营领域属于"等外"公益诉讼。可以借鉴《英雄烈士保护法》对检察机关公益诉讼保护英烈公共利益规定的立法例，②进一步丰富《民事诉讼法》和《行政诉讼法》所规定的检察机关提起公益诉讼的案件范围。具体而言，建议在《安全生产法》第四章"安全生产的监督管理"中增加一条作为第 69 条，即"安全生产监督管理部门和其他负有安全生产监督管理职责的部门违法履行职责或者不作为，导致产生危害公共安全的重大风险，检察机关向行政机关发出检察建议后，国家利益和社会公共利益仍处于重大风险

---

① 最高人民检察院第八批指导性案例：湖北省十堰市郧阳区人民检察院诉郧阳区林业局行政公益诉讼案（检例第 30 号）。

② 该法第 25 条确立了检察机关对侵害英雄烈士的姓名、肖像、名誉、荣誉，损害社会公共利益的行为提起公益诉讼的基本制度。

或受侵害状态，检察机关可以向人民法院提起行政公益诉讼。对从事生产经营活动造成重大安全事故风险或者出现重大责任事故等损害社会公共利益的行为，检察机关可以向人民法院提起诉讼”。

（二）构建预防性行政公益诉讼制度

从安全管理和监督的过程来说，可以分为事前、事中和事后的管理和监督。这其中，事前和事中的监管涉及大量的以预防为主的制度性内容。事前管理，是指生产经营单位在正式投入生产经营之前必须符合法定条件或者要求，把可能发生的事故隐患消灭在建设阶段。事中管理，是指在生产经营全过程中的安全管理，其环节最多、过程最长，需要每时每处都保证安全，因此检察机关对安全生产行政监管领域的监督主要应集中在事前和事中环节。结合安全生产领域的特殊性，笔者认为，在该领域应当构建预防性行政公益诉讼制度。即在行政审批等环节，如果安全生产监管部门的行政审批行为会导致产生危害公共安全的重大风险时，为了避免社会公众的人身财产安全处于受威胁状态，维护“国家利益和社会公共利益”，检察机关向行政机关发出检察建议，建议行政机关不予行政审批行政许可，如果行政机关拒不采纳，则检察机关可以提起公益诉讼。

（三）建立安全生产领域实质性审查制度

从《安全生产法》第98条、第99条、第100条等立法条文所赋予安全监管部门的职权范围来看，生产经营单位是否对危险品或者处置危险品采取可靠的安全措施，是否采取措施消除事故隐患，是否与承包、承租单位签订专门的安全生产管理协议或者未在承包合同、租赁合同中明确各自的安全生产管理职责，或者统一、协调管理等情形，检察机关仅仅通过形式审查，无法查清安全生产监督管理部门是否完全履行了相应的监管职责。因此，与立法已经明确授权的环境资源等领域不同，安全生产领域公益诉讼应当注重实质性审查监督，即检察机关不仅对安全监管部门对生产企业违法违规行为作出行政行为的审查，还应当注意督促安全监管和行业主管部门提供技术依据、认定标准，同时责令生产经营企业提供生产运行情况技术资料和相关数据记录等。在采取现有单行立法概括列入安全生产领域提起公益诉讼制度模式的前提下，宜通过司法解释、检察系统规范性文件等对检察机关提起安全生产领域行政公益诉讼的调查程序、审查标准、起诉标准等程序予以具体规制。检察机关还可以从规范性文件审查、安全准入制度的贯彻执行、生产隐患治理监督运行情况、城市运行安全保障、工程治理等方面开展实质性审查监督。发现安全生产领域相关法律法规规定存在问题的，检察机关可向人民代表大会常务委员会做专题报告，建议修改相应的法条，弥补安全生产领域的立法空白和漏洞。

（四）完善安全生产领域民事和行政公益诉讼交叉衔接程序

重大安全生产经营事故往往会造成复杂的侵害后果，除了威胁社会公众的人身和财产安全，还可能造成难以精确估计的环境损害后果。因此，安全生产领域的民事公益诉讼和行政公益诉讼可能出现交叉之外，还可能和环境资源等领域的公益诉讼产生交叉。

两种诉讼类型的程序衔接,应当立足于维护公共利益,在督促行政机关依法履行职责之前,民事公益诉讼的提起无法纠正行政机关不依法履行职责的违法行为,行政公益诉讼的提起只能请求人民法院对行政行为的合法性进行裁决,在及时有效保护公共利益上存在一定的滞后性。因此,无论优先提起哪一种诉讼,都可能对最大限度地维护社会公共利益带来不利的影响,建议采取双管齐下的模式,即探索建立行政附带民事公益诉讼制度。

学术综述

新时期刑事程序法与证据法相关问题研究

——江苏省法学会刑事诉讼法学研究会 2019 年年会学术综述

李建明　许克军　徐梦梦*

2019 年 11 月 28 日至 29 日，“江苏省法学会刑事诉讼法学研究会换届大会暨 2019 年年会”在无锡市召开。本次年会由江苏省法学会刑事诉讼法学研究会主办，江苏省人民检察院、无锡市人民检察院承办，无锡市锡山区人民检察院协办。全省各级政法机关、高等院校、律师界代表 100 余人参加了会议。本次会议分为 5 个专题，共收到学术论文 72 篇，与会代表围绕 2018 年《刑事诉讼法》修改及新时期犯罪追诉与审判的新问题展开了深入探讨。

一、认罪认罚从宽制度实施问题研究

在改革试点的基础上，认罪认罚从宽制度和刑事速裁程序于 2018 年上升为全国性制度，是近年来我国刑事司法领域继“以审判为中心”诉讼制度改革后的又一重大改革。在改革初期，由于理论准备不足、规范细则滞后、相关经验缺乏，理论和实践中产生了不少争议，如认罪认罚案件的证明标准如何把握、量刑建议如何精准化、被告人反悔上诉如何应对等，这些问题都亟待理论澄清和实务应对。而且，在司法改革背景下，如何正确处理效率与公正的关系，如何有效推动新制度落地生根，也需要进一步展开研究。

（一）江苏各地开展认罪认罚实践中的共性问题

多数与会代表指出，在认罪认罚从宽制度实践中，全省存在一些共性问题：一是“两

---

* 李建明，南京师范大学法学院教授；许克军、徐梦梦，南京师范大学法学院博士研究生。

低一高”，即程序适用率偏低、量刑建议采纳率偏低、被告人反悔上诉率偏高。二是“三多三少”，即基层适用多、市院适用少；轻罪适用多、重罪适用少；实体处理多、不起诉运用少。三是各办案机关、不同办案人员对“认罪”与“认罚”的理解不一致。侦查机关对量刑证据的调查和收集不够重视，而更集中于有罪供述的获取；认罪认罚案件速裁程序适用率偏低，法检认识不统一；检察官提出量刑建议缺乏系统、明确的规范指引，量刑精准性有待提高；法院与检察院就量刑情节变化缺乏有效沟通衔接机制；法院对于不采纳量刑建议的判决缺乏充分的量刑说理；审前进行社会调查评估的时间不足，尤其是被告人系外地人案件，影响了缓刑量刑建议的认定。四是值班律师制度定位不准确、落实不到位，数量短缺、地区分配不均，无法为被追诉人提供有效的法律帮助，不少地区办案机关的值班律师尚未到位。

（二）认罪认罚从宽案件的证明标准

认罪认罚案件的证明标准要不要降低、要不要与不认罪不认罚案件有所区分，存在一定的争议。针对实践中降低认罪认罚案件证明标准的普遍做法，理论界既有批评的声音，也有支持的意见。

与会代表中，有法官表示，认罪认罚案件证明标准不能降低，如果降低了证明标准，侦查机关就会更加依赖口供而忽略其他客观证据的收集，同时司法机关也会疏于审查案件的事实基础，从而增加冤假错案的风险；因此除了应严格执行法定证明标准外，还应加强对事实基础和认罪认罚自愿性的审查，尤其要加大对口供补强规则的运用，以防止强制供述和虚假认罪。

与此相反，有检察官指出，一方面，我们应从个案角度去把握证明标准问题，认罪认罚的盗窃案件与不认罪认罚的故意杀人案件证明标准是否一致无须多言；另一方面，我们需从应然和实然的角度去认识证明标准问题，应然意义上认罪认罚案件的证明责任和证明标准不应降低，但实然意义上已经普遍降低，否则很多案件无法继续办理，与改革本身要求的繁简分流、提高诉讼效率这一目标也背道而驰。

也有与会代表指出，我们要区分证明程序和证明标准的关系，实践中证明标准并没有变，只是证明程序发生了变化，认罪认罚案件的审理过程大大简化了。

面对观点争鸣，有学者提出了折中看法，指出我国的司法实践一直奉行一元化的刑事证明标准，即强调客观方面，导致证明标准层次化的主张面临司法伦理与可行性难题，而实际上刑事证明标准存在主客观方面的可分性，即证明标准包含主客观两个方面，二者并不完全对应，存在主线与辅线之别。我国目前的证明标准仍以客观方面为主线，孤证不能定案原则在实践中泛化为对证据量的过度渴求，在证明逻辑上偏重组合性证明而非整体性证明。解决路径则在于我国证明标准的主线应从客观方面转为主观方面，在坚持主观确信“不变”的前提下，在认罪与不认罪案件、轻重不同的认罪案件及特别类型的认罪案件中，对客观方面的证据印证程度应区别对待，即证明标准层次化仅是指客观方面的层次化，法官的内心确信这一主观要求不变。证明标准客观方面层次化的最好例证即为：在轻罪案件中，侦查人员违法取证动力不强，供述虚假的可能性较低，在保障供述自愿性的情况下，赋予口供更强的证明力，降低补强要求，具有合理性；对于重罪案件，基于错案后果的严重性，对口供证明力仍应予以更多限制，应有更高的补强要求。

（三）认罪认罚自愿性的保障与审查

认罪认罚自愿性是认罪认罚从宽制度的正当性基础和前提，有效保障自愿性是该制度改革成功的关键所在。就此问题，有学者指出，在司法实践中，一方面，有不少被追诉人并非真诚悔罪，而是为了获得从宽处罚进行"策略性"认罪认罚，这容易导致后期悔罪上诉和程序反复现象的发生，背离了制度初衷；另一方面，由于过度追求效率和程序简化，容易导致被追诉人的自愿性被忽略，甚至受到强制的问题。为此，要发挥庭前会议的作用，完善庭审自愿性审查程序，并保留被告人最后陈述环节；同时应进一步明确值班律师的职能定位，完善值班律师转任辩护律师程序。

（四）量刑建议的精准性

确定刑量刑建议是否公正、合理，如何提高量刑建议的精准性，与会代表对此进行了热烈探讨。检察系统代表和论文作者较为赞同确定刑量刑建议，但也有一些同志持不同见解。

有检察官以南京地区认罪认罚试点经验为基础，指出了当前检察机关提出精准量刑建议的现实困难：检察官自身量刑经验和技巧的不足、法官对确定刑量刑建议有一个接受过程、被告人的投机心理引起不当上诉，以及部分量刑情节出现滞后，等等。为破解难题，其提出应适当限制被告人可以反悔上诉的范围，加强审前沟通、提升检察官的量刑建议水平、循序渐进推进确定刑量刑建议工作，公开量刑建议的计算过程和依据，推行附条件量刑建议制度，充分发挥智能辅助办案系统和律师的辩护作用等。

也有论文作者表示，检察机关"重定罪、轻量刑"的传统、辩方较为被动的诉讼地位以及法院对量刑权的把控等因素给认罪认罚案件的量刑精准化提出了挑战。在今后的实践中，可以通过制定精准科学、法检共用的量刑指南，建立深度的沟通协商机制、探索智慧司法量刑辅助系统和发布典型案例等途径来提高检察机关量刑建议精准化的水平。

同时，不少与会者认为，当前检察机关推行的量刑建议精准化不宜操之过急，应结合案件特点分别推行确定量刑模式、区间量刑模式和最高量刑模式。同时，应加强法检交流和经验总结，提升检察官的量刑能力。

（五）认罪认罚案件中的被告人上诉

有论文对认罪认罚上诉进行了类型化分析，指出实践中存在投机型、留所型和实质型三种类型的上诉。考虑到我国认罪认罚从宽制度仍在探索期，在被告人的法律帮助权无法得到充分保障、办案机关在进行认罪协商时仍不够规范的现实情况下，不能完全禁止被告人的二审上诉权。理性的做法是：针对不同上诉类型分具体情况，适当限制上诉权的滥用;同时,还应增强被追诉人法律帮助权的保障和认罪认罚程序的协商性和透明度,如引入量刑清单制度、证据开示制度等,以提高被追诉人的协商能力、强化其诉讼主体地位。

也有论文作者就被告人上诉权问题指出,我国的认罪认罚从宽与美国的辩诉交易制度存在较大差异,不能“一刀切”地将被告人上诉视为背信弃义行为而严格限制被告人的上诉权。针对被告人认罪认罚后又上诉的案件,“一刀切”地通过抗诉来阻断其上诉的做法也并不可取,理性做法应区分不同的情形,区别加以对待。

部分与会代表建议,就我国现有的司法环境下,检察机关在制度运行初期应适当包容被告人“上诉现象”,应加大在量刑建议精准化、反悔评估类型化、监督手段多样化等方面的探索,以推动认罪认罚案件法律监督程序的完善。

有专家指出,认罪认罚具结书是公法意义上的司法契约,因此被追诉人的反悔权应受一定程度的限制,否则有滥用上诉权、浪费司法资源的问题,但同时应保障被追诉人特殊情形下的反悔权和上诉权。另外,检察官在相应情形下也应具有同等的撤回认罪认罚具结书的权利,以示平等。

(六)认罪认罚从宽案件中的被害人权益保障

有少数论文作者指出,认罪认罚从宽制度的现有规定对被害人权益保护不太周全,实践中被害人的权益遭到忽视、被害人被边缘化的现象时有发生。同时,我们也应关注单位被害人权益保护问题,应在认罪认罚从宽实践中充分保障单位被害人的知情权、谅解权、量刑建议权。

(七)认罪认罚案件中的其他问题

1. 认罪认罚从宽中的检察机关不起诉权

有部分与会代表指出,为实现程序的有效繁简分流,应扩大检察官在认罪认罚从宽案件中的酌定不起诉权,一方面应完善不起诉配套措施,如增加被不起诉人的负担义务、完善涉案违法所得处置程序、建立不起诉公开宣告制度等;另一方面应建立相对公开的不起诉审查程序,以防止不起诉裁量权被滥用。

2. 重罪案件如何适用认罪认罚从宽程序

有少数论文作者认为,目前在故意杀人案件中适用认罪认罚从宽有一定的障碍和难度,但按照法律规定认罪认罚从宽可以适用任何案件,为克服困境,可以从以下方面努力:凸显被害方主体地位,均衡双方权益;坚持证据裁判原则,保证案件质量;确立合理从宽机制,体现量刑差异等。

3. 适用速裁程序办理认罪认罚案件应注意的问题

有论文作者提出,适用速裁程序办理的认罪认罚从宽案件因程序简化而存在较多问题,如司法人员的告知义务流于形式、值班律师无法发挥实质性法律帮助作用、部分检察官疏于审查案件事实基础等,发生冤错案件的风险较大等。为此,建议加强办案人员告知义务的履行，切实保障犯罪嫌疑人的知情权；确立证据开示制度，保障犯罪嫌疑人的证据知悉权；严格审查认罪认罚案件的事实基础；提升认罪认罚具结书的采纳率等。

二、网络犯罪等新型犯罪案件中的程序与证据问题研究

利用网络实施犯罪在证据的收集、运用和事实认定上具有一定复杂性。随着互联网的普及和移动终端的多元化，以及大数据、物联网、区块链、人工智能、5G 技术的突飞猛进，近年来互联网信息犯罪呈高发态势，面对这些新型案件，司法部门如何收集、固定电子数据，如何对其进行鉴真，由谁负举证责任，这些都是司法实务和理论研究中的热点和难点问题。

（一）电子数据的收集与提取

有学者以网络电子数据的收集与鉴真为主题，指出网络时代的取证应借助科技手段，即算法取证。但同时，算法取证又面临着关联性如何界定、可靠性如何保证及合法性如何守护的难题。其进一步指出，破解难题还应回归法教义学和证据法学基本原理，重新解读关联性规则中的经验法则，引入科技证据的可采性标准，以此确立算法取证中合法性的基本原则和相应规则。同时，还应深刻反思传统印证证明模式的弊端与不足，重新审视语言的角色与功能，最终回归到现代自由心证的刑事证明理论。

部分与会检察官就电子数据收集、提取的规范化提出了完善意见，如重视原始存储介质，确立及时、全面取证原则；重视收集、提取笔录，确立合法、规范取证原则；建立证据链保管制度等。

（二）电子数据的审查与鉴真

有论文表示，在未来的信息化社会，电子数据有呈现出新一代“证据之王”的现象，而在我国当前的司法实务中，电子数据的审查判断主要存在司法鉴定制度不完善和非法电子数据、瑕疵电子数据的排除、补正规则缺失问题。因此，一方面，应建立多元化电子数据审查判断的科学辅助体系，如引入专家证人等完善电子数据的司法鉴定；另一方面，应建立非法电子数据排除规则和瑕疵电子数据补正规则。

（三）网络新型犯罪的实体评价

不少论文作者就网络新型犯罪进行了个案分析，包括互联网支付类盗窃案件，网络销售类犯罪案件，非法销售游戏外挂案件，危害计算机信息系统安全罪，虚假网络投资平台犯罪，利用网络信息平台进行聚众吸毒和贩卖毒品犯罪，网络侵犯著作权罪，帮助信息网络犯罪活动罪，提供侵入、非法控制计算机信息系统程序、工具罪等。他们就罪与非罪、此罪与彼罪、明知、“刷单抗辩”、共同犯罪、“情节严重”等实体问题应如何进行评价，提出了具体方案。

三、正当防卫案件证据规则研究

近年来，随着网络媒体的飞速发展，热点案件得以通过网络迅速传播，山东于欢案、

江苏于海明案等一系列热点案件的发生，将我国的正当防卫法律体系推向了舆论的风口浪尖。正当防卫案件证明责任如何分配，防卫证据如何采信，实体上具体如何认定，防卫限度如何把握，行为人如何进行抗辩等，这些都是值得我们重新思考的问题。

（一）正当防卫案件的证明责任分配

有与会专家从证明责任、证据标准、证明方式三个方面来全面分析了正当防卫案件中的证明规则。就证明责任而言，辩方应负责正当防卫的争点形成责任，而控方则负责排除正当防卫成立的证明责任；就证明标准而言，辩方的争点形成责任只需达到使法官形成合理怀疑即可，而控方证伪正当防卫则需达到排除合理怀疑的证明标准；就证明方式而言，被告人形成正当防卫争点时，法官不应强求印证，而应综合在案证据，通过逻辑经验来审查能否构成合理怀疑，并最终形成心证。

有律师代表从辩护实务的角度指出，被告人"虽不负证明责任，却存在证明需求"，因此被告人应在合理范围内对自己的行为确属正当防卫提出抗辩并适当举证，只有通过这种积极的防御手段才能维护自身合法权益。

也有论文作者认为，犯罪构成体系在一定程度上决定着正当防卫的证明责任分配。我国犯罪构成通说为四要件论，其认定正当防卫为排除犯罪性事由，需在犯罪构成体系之外单独评价，其所导致的后果是被告人承担了正当防卫的证明责任，不甚合理。正确的做法应为，将正当防卫事由纳入犯罪构成客观方面予以评价，这样正当防卫的证明责任则被分配给了控方，由控方排除正当防卫事由对案件带来的合理怀疑，以证明犯罪成立，保障被告人的合法权利。

（二）正当防卫中的防卫限度

有论文作者表示，我国以往的司法实践中之所以认定正当防卫成立的案例极少，究其原因与防卫限度的理解偏差有关。就防卫限度的行为要素和结果要素关系而言，应采一体说，即只有同时具备行为过当与结果过当这两个要素，防卫人的行为才能被纳入超出防卫限度的语义之中，方能被定义为防卫过当。

（三）正当防卫的实体评价

有检察官代表以于海明案为例，指出实务中认定"行凶"的关键在于不法侵害人是否采取了暴力行为，以及暴力行为是否已严重危及人身安全。在实践中对于"行凶"的认定应当结合现场具体情景以社会一般人的认知水平进行判断。同时，其指出了"行凶"的具体判断标准，如案件的起因与双方关系；不法侵害人是否持有工具以及工具的杀伤力、威胁性；双方的力量对比；侵害时间长短、打击部位致命程度；侵害人的平时表现，有无前科以及人身危险性大小等。

也有论文作者以具体案例切入，构建了诉诸先行犯罪型正当防卫的抗辩规则，指出在发生先行犯罪行为的前提下，防卫人的非理性状态可宽宥、防卫行为连续不受追究、弱势地位的防卫人权利优先保护、防卫中的意外事件免责。同时，诉诸先行犯罪型的正当防卫也存在例外,如先行犯罪行为与防卫行为缺乏实质的因果关系、先行犯罪之前被告人存在过错等。

四、新时期律师辩护问题研究

近年来,我国刑事司法领域施行了多项改革措施,从"以审判为中心"的诉讼制度改革到刑事速裁程序试点,再到正式确立认罪认罚从宽制度和刑事缺席审判制度,以及刑事案件律师辩护全覆盖试点等。这些改革的推行,都对刑事辩护律师提出了更高的要求,新时期律师如何在刑事案件中进行有效辩护、充分维护当事人的合法权益是我国刑事司法的永恒话题。

(一)侦查初期辩护问题——及时咨询律师权

有学者就及时咨询律师权进行了比较法考察,其将英国以值班律师制度为中心的"赋权模式"与美国以米兰达规则为基础的"倒逼模式"进行了比较,认为英国的"赋权模式"更成功,警察更容易接受。建议我国在修改后的《刑事诉讼法》第36条第2款之基础上,合理借鉴他国的处理模式,加强侦查初期的律师帮助权,以打破讯问的封闭性,保障犯罪嫌疑人的不自证己罪特权。

(二)值班律师制度相关问题

1. 值班律师的角色定位。有论文作者就值班律师的定位问题指出,当前值班律师在认罪认罚从宽案件中已事实上沦为见证人,无法提供有效的法律帮助。为了将值班律师定位于有效的法律帮助者,应赋予值班律师"准辩护人"身份,使其各项权利"辩护人化"方为解决之道。

2. 值班律师应享有的权利。有律师代表提出,对于认罪认罚从宽制度而言,值班律师就保障被追诉人认罪认罚的自愿性及量刑协商的公正性发挥着至关重要的作用,但实践中由于制度新设、配套保障措施不及时,值班律师未能发挥其应有作用。建议从以下方面加以完善:值班律师应享有讯问及协商在场权;应赋予值班律师阅卷权、会见权和核实证据权;明确值班律师的选任条件并严格考核;提高值班律师的财政补贴并实施激励政策;畅通值班律师与办案机关的沟通渠道;完善值班律师转任辩护律师程序要求等。

五、监察机关、检察机关、审判机关办理职务犯罪案件中互相配合、互相制约研究

《监察法》通过和《刑事诉讼法》修改后,职务犯罪调查的程序和证据如何与刑事诉讼进行有效衔接是一个理论热点和难点。监察体制改革是我国近年来的重大政治体制改革,其将国家权力结构从人大监督下的"一府两院"变成了"一府一委两院",检察机关的反贪反渎职能实行了整体转隶,对刑事司法结构产生了重大影响,因此如何实现程序衔接和权力监督是理论界和实务界共同关注的焦点。

(一)检察机关与监察机关的配合、制约机制

有论文作者指出,监察体制改革并未改变侦查、起诉、审判“分工负责、互相配合、互相制约”的权力架构,为了解决实践中“互相配合易,互相制约难”的问题,检察机关应从“提前介入”和“审查起诉”两个阶段入手,积极探索互相制约的方式,具体包括:要求监察机关为检察机关提前介入案件提供必要保障,有效利用好建议协商机制、退回补充调查和自行补充侦查,以及不起诉决定权等措施。

(二)监察机关与检察机关互涉案件的办理方法

有部分与会代表提出,在渎职、侵权犯罪案件办理过程中,会发生检察机关和监察机关办案交叉、互涉问题,在此类案件中应明确监察优先、检察为主的基本原则,并建立线索处置、并案侦查和监察支持等有效机制。另外,在强制措施衔接上应注意刑期预判,以避免超期羁押和刑期倒挂;在办案证据衔接上应遵循“程序二元、证据一体”原理,警惕对言词证据的直接使用。

(三)《监察法》与《刑事诉讼法》的衔接

一些论文作者从检察机关提前介入职务犯罪案件办理、审查起诉、决定不起诉以及监委调查案件的证据收集、审查和排除等方面探讨了《监察法》与《刑事诉讼法》的衔接机制问题,并指出对于监察机关调查终结、移送审查起诉的案件,检察机关应坚持《刑事诉讼法》的原则和程序,正确履行公诉权和法律监督权,以保障移送案件的质量,防范错案发生。

图书在版编目(CIP)数据

检察研究. 2020年. 第1辑 / 江苏省人民检察院组织编写. -- 北京：法律出版社，2020

ISBN 978 - 7 - 5197 - 4605 - 6

Ⅰ. ①检… Ⅱ. ①江… Ⅲ. ①检察机关－工作－中国－文集 Ⅳ. ①D926.3 - 53

中国版本图书馆CIP数据核字(2020)第093878号

《检察研究》2020年第1辑
《JIANCHA YANJIU》2020 NIAN DI 1 JI

江苏省人民检察院 组织编写

责任编辑 许 睿
装帧设计 李 瞻

编辑统筹 司法实务出版分社

出版 法律出版社
总发行 中国法律图书有限公司
经销 新华书店
印刷 永清县金鑫印刷有限公司
责任印制 胡晓雅

开本 787毫米×1092毫米 1/16
印张 7.5
字数 153千
版本 2020年3月第1版
印次 2020年3月第1次印刷

法律出版社/北京市丰台区莲花池西里7号(100073)
网址/www.lawpress.com.cn
投稿邮箱/info@lawpress.com.cn
举报维权邮箱/jbwq@lawpress.com.cn

销售热线/400 - 660 - 8393
咨询电话/010 - 63939796

中国法律图书有限公司/北京市丰台区莲花池西里7号(100073)
全国各地中法图分、子公司销售电话：
统一销售客服/400 - 660 - 8393/6393
第一法律书店/010 - 83938432/8433　西安分公司/029 - 85330678　重庆分公司/023 - 67453036
上海分公司/021 - 62071639/1636　深圳分公司/0755 - 83072995

书号:ISBN 978 - 7 - 5197 - 4605 - 6　**定价**:30.00元